신정훈의
지방 살리기
30년 분투기

돌아온
광주
하나 된
전남

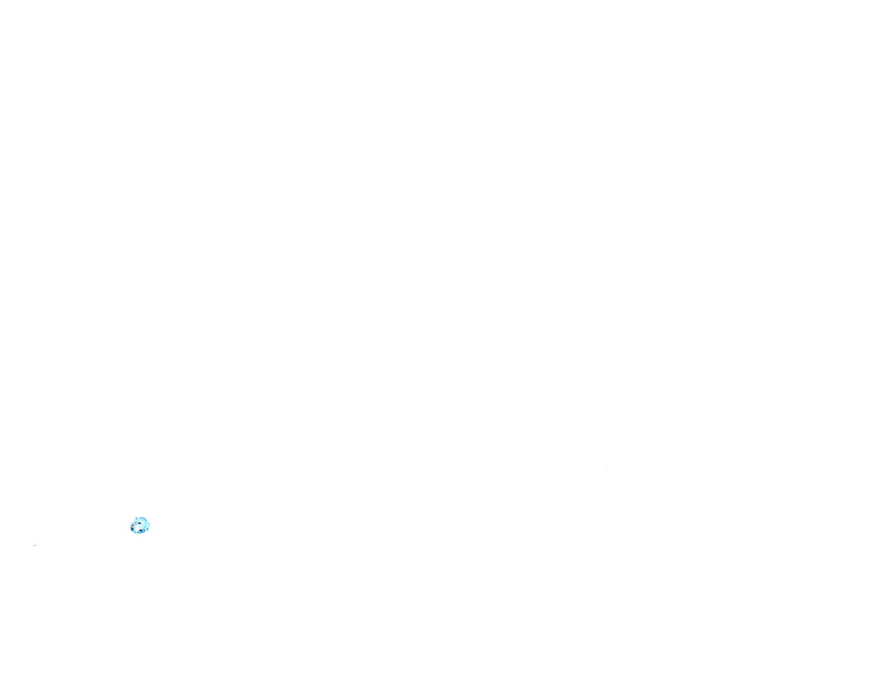

신정훈의
지방 살리기
30년 분투기

돌아온
광주
하나된
전남

신정훈 지음

국회 행정안전위원장
신정훈

밥북
BOBBOOK

나의 소명은 대한민국 균형발전과 지방분권 실현

신정훈은 광주의 아들이다. 나는 80년 광주의 진실을 알리고 군사독재정권의 폭정에 저항하기 위해 미 문화원 점거농성에 참여해 전 세계인에게 한국인의 양심과 자존심을 알렸다. 인권과 정의, 저항과 연대, 공동체 정신이 꽃피는 대동 세상을 만드는 것. '광주정신'은 내 삶의 지표였다.

신정훈은 전남이 키운 정치인이다. 내 아버지는 농민이셨다. 내가 징역형을 선고받고 마산교도소에 있을 때 지친 몸을 이끌고 면회를 오신 모습이 아버지와의 마지막 만남이었다. 아버지 임종도 지키지 못해 회한의 눈물을 흘리던 나는 출소한 뒤 고향에 내려와 농민회 활동을 시작했다. 나는 지금도 지역구인 나주와 화순의 농촌 마을에 들어서서 농투성이 아버지, 어머니들의 주름진 손을 잡으면 쉽게 놓지를 못한다. 전라도는 풍요로운 땅이었지만 정작 농민들은 풍족하게 살지 못했다. '경제 대국' 대한민국은 전라도에 많은 빚을 졌지만 나라는 전라도에 빚 갚을 생각을 하지 않았다. 전국의 농민들이 들불같이 일어났던 수세(水稅) 싸움도 그래서 시작했다. 동학농민항쟁의 발화점이었던 만석보 수세 수탈이 마침내 100년

후에야 폐지된 것이다. 나는 농민들의 힘을 바탕으로 전남도의원에 출마해 정치에 발을 들였다.

신정훈은 중앙이 아닌 지방에서 나라 전체를 보고, 세상을 바라봤던 정치인이다. 1995년 전남도의원에 당선된 뒤로 재선 도의원, 재선 나주시장, 3선 국회의원에 이르기까지 나의 30년 정치 역사는 지방 살리기 역사였다. 지역의 문제를 지역의 현장에서 해결하는 데 주력해 왔다. 2002년부터 나주시장으로 일하며 지방소멸이라는 용어조차 없었던 때부터 지역 격차 해소 방안을 고민했다. 지금까지도 계속되고 있는 쌀경영안정대책, 친환경학교급식, 마을택시, 농기계임대은행은 신정훈이 만들어낸 지방자치 혁신 사례다. 지역의 먹고 사는 문제, 젊은이들이 떠나지 않고 살 방도를 찾고 또 찾았다.

신정훈의 지방 살리기 30년을 관통하는 대표적 성공 사례가 한전과 16개 공공기관을 유치해서 만든 '광주전남공동혁신도시'와 '한국에너지공대' 프로젝트다. 1조 2000억 원 규모 국비가 투자되는 '핵융합(인공태양) 연구시설' 프로젝트도 같이 연결된다. 지난 20년 동안 쉼 없이 진행되었고, 앞으로 30~40년 동안 계속될 전남의 대역사다. 신정훈이 농식품산업과 에너지 클러스터가 조성될 혁신도시를 조성하고, 세계적 에너지 특화대학으로 성장할 한국에너지공대를 설립하고, 미래 에너지문제를 해결할 핵융합 연구시설을 유치하는 일들을 성공적으로 해낼 수 있었던 것은 일관되게 지역의 현안에 몰입해서 지역의 미래를 디자인하는 데 힘을 쏟았기 때문이다. 지역민들의 생존권 확보를 위해 젖 먹던 힘까지 짜내 죽을둥살둥 몸부림을 쳤더니 기적 같은 일들이 벌어졌다.

누구나 어릴 때 동네 어귀에 있던 아름드리 느티나무를 기억할 것이다. 아이들의 발길에 차이고 놀이터도 되고, 어른들의 쉼터도 되었던 그 느티나무 말이다. 그 나무의 수령이 300년이라면 그 나무는 300년 동안 그 동네의 대소사를 다 목격한 당사자라고 할 수 있다. 느티나무가 겪었던 동네의 역사를 통해서 읍내의 소식도, 나라와 세상의 역사도 다 건너볼 수 있다. 그렇다. 지방의 역사는 그 나라의 역사다. 지역에는 모순이 중첩돼 있고, 이념이나 명분보다 구체적 삶 속에서 해결해야 하는 생생한 현장이다. 지방이 살아야 나라도 산다. 지금의 이재명정부 시대에는 특히 그렇다.

나를 아는 사람들은 말한다. "신정훈은 과감한 결단력, 엄청난 투쟁력의 소유자다. 치밀한 준비를 통해 한번 결행하면 기필코 해낸다". 과찬이다. 다만 이런 말은 하고 싶다. "신정훈은 지방의 발전을 위해서라면 감나무 밑에서 기다리며 떨어지는 감을 그냥 받아먹는 사람이 아니라 필요하다면 위험을 무릅쓰고 감나무에 올라

돌아온 광주 하나 된 전남

가서라도 감을 따고야 마는 사람"이라고. 이 책을 읽다 보면 그런 장면을 곳곳에서 발견할 수 있을 것이다. 성공의 기억과 경험은 공유되어야 한다. 혁신도시, 한국에너지공대를 쟁취해 낸 경험은 전남·광주통합지방정부의 노하우로 확대돼야 한다.

2026년 2월, 국회 행정안전위원장으로서 나는 '전남광주특별시' 출범을 완성하는 특별법의 산파역을 맡았다. 감회가 남다르지 않을 수 없다. 1986년 전남도에서 광주가 분리됐으니 한 뿌리에서 나온 전남과 광주가 다시 하나가 되기까지 40년이 흐른 셈이다. 나는 1998년 '시·도통합 범시도민 추진위원회'를 결성해 전남광주의 통합을 소망해 왔다. 정말 만시지탄의 안타까움이 있다. 지난 40년 동안 시도민들이 겪은 교통과 교육, 일상생활의 불편함을 해소하지 못한 지역의 만년 여당 민주당의 부족함은 치열한 반성이 필요하다. 집권당인 민주당 전남도당 지도부의 한사람으로서 시·도민들의 불편을 해소하지 못한 데 대해 이 지면을 빌려 반성과 함께 넓은 이해를 구한다.

비상한 시국에는 비상한 인물이 필요한 법이다. 지방소멸 시대의 전남광주특별시장은 관리하고 집행하는 행정가보다 미래 먹거리를 설계하고, 전략을 짜고, 실행파일로 만들고 중앙정부와 기득권 세력으로부터 쟁취해 낼 '일 잘하는 큰 싸움꾼'이 필요하다. 전남·광주통합지방정부에 공공기관을 대거 유치하고, 공동혁신도시 2.0시대를 열고, 반도체와 AI로 '에너지 수도'를 만들어내고, 목포항과 광양항을 '남방 무역항의 거점'으로 만드는 큰 싸움을 진두지휘할 전략가가 필요하다. 정부가 약속한 20조원의 지원만 기대해서는 안 된다. 예상컨대 중앙집권식 사고, 패권주의, 기득권 세력, 고정관념과 대결해 이겨야만 하는 큰 싸움이다.

'지방 전문가' 신정훈은 이제 통합지방정부 '전남광주특별시'에 생명을 불어넣을 새 설계도를 만들고 있다. 그 설계를 '정치'가 아니라 '시스템'으로, '구호'가 아닌 '실행'으로, 재선 시장과 3선 의원의 실력으로 완성하려고 한다. 이 책을 읽고 나면 신정훈이 왜 전남·광주 통합 지방정부의 책임자가 될 자격이 있는지 알 수 있을 것이다.

광주는 신정훈을 키웠고, 전남이 정치인으로 만들었다. 내 발길이 나주 들녘에서 시작해 국회로 왔다가 다시 전남·광주로 향하고 있는 이유다. 1995년 무소속으로 지방정치에 뛰어든 30년 전이나 지금이나, 늘 신정훈의 소명은 '대한민국 균형발전'과 '지방에도 희망이 있는 나라!'였다.

이재명 대통령은 당대표 시절, 신정훈이 발의한 양곡관리법을 두 번이나 본회의에 상정해 통과시켰다. 그리고 두 번씩이나 거부권으로 좌초된 양곡관리법을 이재명 정부 최초의 민생법안으로 통과시켰다. 당대표 시절 이재명 대통령은 나를 만날 때마다 전남에서 농촌기본소득사업이 추진되기를 희망했다. 나는 영광, 곡성 보궐선거에서 공천된 후보들과 협약을 통해 응답했다. 새 정부가 들어서자 대통령은 2천억 원의 예산을 세워 농어촌기본소득정책에 힘을 보탰다.

병오년 새해 다시 마음을 다잡는다. 대통령과 신정훈이 의기투합했던 오월 광주 '대동 세상'의 약속, 이 신정훈이 반드시 해낼 것이다.

2026.02. 신정훈

2026.01.02.
이재명 대통령님과 신년인사회에서

돌아온 광주 하나 된 전남

2025.07.08.
이재명 대통령 초청 관저 만찬에서

윤석열 2차 탄핵 투표일인 2024년 12월 14일,
당시 민주당 당대표였던 이재명 대통령님과 함께
계엄군이 점령했던 국회 경내를 살펴보았다.

■ 차례 ■

프롤로그| 나의 소명은 대한민국 균형발전과 지방분권 실현 / 4

1부 | 에너지혁신도시, 광주전남을 하나로

20년 대장정의 시작, 공동혁신도시 / 18

지방소멸을 예견하다, 2천명이 사라졌다고? / 23

정부지방청사와 맞바꾼 한전 나주 유치 / 31

한전공대 설립의 비사, "KEPCO-TECH" / 35

문재인 후보께 한전공대를 제안하다 / 41

IT산업 생태계, 실리콘밸리와 스탠퍼드 / 46

"대선 공약이라고 다 해야 합니까?" / 48

신정훈의 손을 들어준 문재인 대통령 / 52

'신의 한수', 한전공대 부지 선정 / 56

뚝심으로 만들어낸 한전공대 특별법 / 59

꼭두새벽에 찾아온 핵융합 분야의 석학 / 64

인공태양, 미래 에너지의 새출발 / 69

2부 | 돌아온 '광주' 하나 된 '전남'

장산리 촌놈의 광주 유학생활 / 74

온몸으로 '광주'를 외치다. – 미 문화원 점거 농성 사건 / 78

전남도의원 신정훈은 왜 삭발까지 했나? / 83

신정훈이 주도한 도청이전 반대와 시·도 통합 / 88

지방소멸 극복의 생존 전략, 통합특별시 / 91

전남·광주를 '한국의 캘리포니아'로 / 95

코스피도 쌀값도 '특별한 대통령' / 99

왜 '전남광주특별시'인가? / 103

5조원만 받으면 모든 것이 해결되나? / 109

버스가 서지 않는 버스정류장? / 116

전남·광주를 하나로, 1시간대의 광역 교통 / 120

전남에 무료 시내버스 체계를 도입하자 / 124

전남·광주통합은 이재명정부 성패 좌우할 최전선 / 129

한국판 트라이앵글 스테이트를 만들자 / 133

3부 | 에너지 주권, 산업지도를 새로 그리다

호남이 AI와 에너지의 미래다 / 138

햇빛 소득 마을, 구양리의 선택 / 145

전기요금 90원, 전남광주형 RE100 산단 / 150

남부 반도체벨트 최적지는 전남이다! / 155

탄소중립형 'K-반도체 제2벨트'를 전남에 구축하자 / 158

피지컬 AI 산업 선도하는 전남 만들기 / 162

동부권 산업혁신, 신정훈이 적임자다 / 166

광양·여수항 역할론과 석유화학·철강 혁신 / 170

방위산업과 우주산업 육성은 어떻게 / 175

무안공항에 KTX역이 들어선다 / 178

전남에는 왜 외국인 관광객이 없을까? / 182

4부 | 전남형 기본소득으로 지방소멸의 숨통을 열자!

청와대 농어업비서관이 된 사연 / 190

두 번의 거부권을 뚫고 제정된 양곡관리법 / 196

행안위장 첫 임무, 민생회복지원금 / 201

수산·양식업을 '저탄소 식량 산업' 모델로 / 206

왜 전남지사는 농어촌 기본소득에 자신 없나? / 209

'농어촌 기본소득'은 청년 정착을 위한 투자 / 215

지역사랑상품권을 '공동체 화폐'로 / 220

학교 급식 시즌 2, 맞춤형 건강급식과 브레인푸드 / 224

5부 | 신정훈의 승부수, 시민주권 정부 실현!

주민자치회는 '2세대 지방자치' 핵심 / 230

주민이 직접 읍·면·동장을 뽑는다 / 234

지방의원 역량 강화의 길? "월급부터 올리자" / 236

지역이 키운 인재를 지역에서 채용하는 '인재 주권' / 242

민주주의를 훈련하는 '전남·광주 민주학교' / 247

'시민주권주의' 꽃피울 전남·광주 정치축제 / 252

에필로그 | 일 잘하는 '지방전문가' 신정훈을 크게 써야할 때 / 258

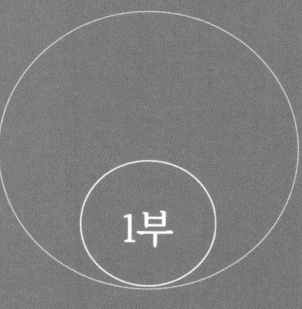

1부

에너지혁신도시, 광주전남을 하나로

20년 대장정의 시작,
공동혁신도시

◯

　2025년 12월 16일, 전라남도와 나주시가 개최한 1조 2천억 원 규모의 국가 핵융합 연구시설 유치 축하 행사에서 지역구 국회의원으로 축사를 하던 도중 나는 말로는 다 할 수 없는 감회에 젖어 이렇게 말했다.

　"지금부터 20년 전인 2007년 11월 8일, 노무현 대통령은 나주혁신도시 기공식에 참석해서는 역사의 수레바퀴를 되돌릴 수 없도록 대못질을 하겠다고 말했습니다…이곳 나주가 대한민국 에너지 신산업과 신기술의 메카로 자리 잡을 수 있도록 최선을 다하겠습니다."

　이번 핵융합 연구시설(인공태양) 유치는 앞으로 연구시설뿐만 아니라 300개 연관 기업 유치, 1만 명의 고용창출, 약 10조 원 규모의 경제 파급효과를 기대할 수 있는 혁신도시 나주의 쾌거였다. 국가 핵융합 연구시설 유치를 자축하는 행사장에서 왜 나는 노무현 대통령을 떠올리며 '야! 기분 좋다!'를 외쳤을까?

나에게 광주·전남공동혁신도시는 미리 보는 전남과 광주의 통합이었다. 이미 23년 전에 나주시장으로 일하면서 나는 전남과 광주가 함께 어떤 일을 할 수 있는지, 그리고 어떤 일을 해야 하는지를 광주·전남공동혁신도시 조성을 통해 보여주었다. 광주·전남공동혁신도시, 한국에너지공대(KENTECH, 켄텍), 핵융합(인공태양) 연구 시설은 20년간의 치열한 과정을 거쳐 나주가 이뤄낸 국가 프로젝트로 서로 연관돼 있다. 광주·전남공동혁신도시어 축적된 이 역량이 통합전남광주 지방정부를 살찌우는 자양분이 되고, 국가 미래 산업의 토대로 이어질 것으로 기대한다. 그 시작이 노무현 대통령이었다. 그리고 3기 민주정부를 잇는 심부름꾼은 승부사 신정훈이었다. 지금도 한 번씩 자문해 본다. 대통령직을 걸고서라도 국가 균형발전을 이루겠다는 노무현 대통령이 아니었으면 광주·전남공동혁신도시가 가능했을까?

지금도 잊지 못하는 가슴 벅찬 장면 하나가 있다. 2007년 11월 8일 오후 3시. 전남 나주시 빛가람동에서 열린 광주·전남공동혁신도시 기공식 현장이다. 이날 노무현 대통령이 참석했다. 이용섭 건설교통부장관, 이민원 국가균형발전위원장, 박광태 광주광역시장, 박준영 전남지사, 최인기, 강기정 등 쟁쟁한 지역 국회의원들이 배석했다. 이원걸 한국전력사장 등 17개 이전 공공기관 임직원과 지역주민 등 1500여명이 운집한 가슴 벅찬 자리에서 노 대통령은 이렇게 말했다.

"어떤 정권이 와도 이 국가 균형 발전의 큰 흐름을 돌이키지 못하도록 대못질을 하러 여기에 왔습니다…. 광주시민과 전남도민 여러분, 저는 광주·전남 혁신도시가 가장 성공적인 혁신도시가 될 것으로 믿습니다…. 광주·전남 혁신도시는 전국 10개의 혁신도시 중 최대 규모입니다. 그만큼 파급효과도 클 것입니다. 관련된 민간기업이 함께 내려오고, 이들이 지역대학과 클러스터를 형성해 기업생태계를 만들면 이곳은 서남권의 새로운 성장 거점이 될 것입니다."

우레와 같은 박수가 쏟아졌다. 노 대통령은 당시 야당의 반대로 진통을 겪고 있던 2단계 균형발전정책 입법화 현안 등 그동안의 마음고생을 털어버리기라도 하듯 지역 주민들에게 축하와 함께 따뜻한 격려를 잊지 않았다.

광주·전남공동혁신도시는 한국전력 등 17개 공공기관과 관련 기업 및 연구기관 종사자 등 5만 명의 신도시로 계획되어 건설되었다. 내가 시장으로 재임하고 있었던 2005년 11월 혁신도시 입지 선정, 2006년 개발구상 수립, 2007년 10월까지 개발 및 실시계획 수립 절차를 거쳐 마침내 첫 삽을 뜨게 된 것이다. VIP와 귀빈들을 모신 입장에서 나주시장이었던 나는 대통령의 축하 말씀에 답례하는 마음으로 마이크를 들었다. 전날부터 수 없이 마음에 담아두었던 내용이었기에 원고 없이도 또렷하게 말할 수 있었다.

"존경하는 시도민 여러분, 국민 여러분 오늘 우리는 광주·전남공동혁신도시 기공식에 즈음해서 새로운 국가 균형발전이라는 시대적 사명을 안고 이 자리에 섰습니다. 그동안 온갖 어려움 속에서도 국가 균형 발전, 그리고 지방에도 희망이 있는 나라 만들기 위해서 노심초사 고생해 주신 대통령님께 다시 한 번 10만 시민과 함께 뜨거운 박수로 감사의 인사를 올리겠습니다.

참여정부와 노무현 대통령님의 뜻을 받들어서 국가 균형 발전 정책을 앞장서서 참여해 온 시도민 여러분과 함께, 나주 시민들은 이곳 공공혁신도시가 이전기관 임직원뿐만 아니라 모든 국민들이 와서 살고 싶은 그런 훌륭한, 인정 넘치는 명품 도시를 꼭 만들어내겠습니다. 그동안 성원해 주신 모든 분께 다시 한 번 감사를 드립니다."

'국가 균형발전이라는 시대적 사명', '지방에도 희망이 있는 나라' 당시의 내 심정을 대변하는 키워드다. '인정 넘치는 명품 도시'를 만들어내겠다는 그 영상을 나는 지금도 간직하고 있다. 광주·전남공동혁신도시는 신정훈에게 '지방에도 희망이 있는 나라를 만들겠다'는 노무현 대통령의 유훈을 실천하는 일이자 분리된 광주·전남을 다시 일으켜 세울 지방 살리기의 시작이었다.

2005.11.08. 광주·전남공동혁신도시 기공식에서.

나주시장으로서 국민과 대통령님께 감사의 말씀을
전했다. 참여정부가 추진한 공동혁신도시 건설사업
은 중앙집권적 구조에서 지방분권으로 가는 국가 균
형발전의 한 획을 그었다는 점에서 의의를 지닌다.

신정훈 나주시장의 인사말을 듣고 있는
노무현 대통령과 권양숙 여사

돌아온 광주 하나 된 전남

지방소멸을 예견하다.
2천명이 사라졌다고?

○

신정훈은 사물을 보는 데 있어서 드러난 현상만을 보지 않는다. 현상을 만들어낸 토대와 구조를 들여다본다. 젊은 시절 사회과학 공부에서 비롯된 습관이다. 20여 년 전부터 나는 누구보다 지역 소멸을 먼저 감지했다고 말한다면 못 믿을 사람도 있을 것이다. 하지만 이는 거짓이 아니다.

그 발단은 나주시의 급격한 인구감소였다. 2002년 나주시장 취임 후 해마다 2천 명씩 지역의 인구가 줄고 있는 것을 파악하고 나는 경악했다. 2천 명은 적은 숫자가 아니다. 학교 운동장에 2천 명을 모아놓고 그 숫자를 세어본다고 생각해보라. 2년이면 4천 명이다. 나는 지역 농민들의 압도적 지지로 당선된 무소속 시장이었다. 선거 때마다 내 손을 잡아주던 주름진 손의 농민들은 하나 둘 세상을 떠나고 있었다. 젊은이들은 젊은이들대로 일자리, 더 나은 생활여건을 찾아 고향을 떠나갔다. 지역은 어떻게 먹고 살아야 하는가? 10만 시민을 먹여 살릴 책임을 지고 있는 시장이라는 자리가 주는 그 중압감에 모골이 송연했다. 당장 지역에 소재한 동신대학교 통계학과에 용역을 의뢰했다.

< 전남 인구 변화(2002~2022) >

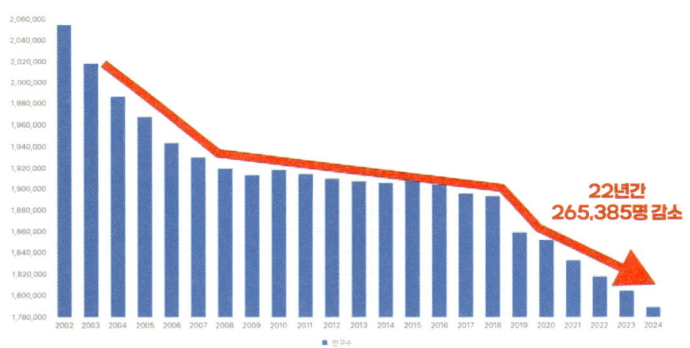

"10년 후 나주 인구가 8만 8천 명까지 감소할 수 있다"는 충격적 결과가 나왔다. 주민등록상 인구가 8만 명이지 실제 거주 인구는 7만 9천 명으로 예측됐다. '이게 보통 문제가 아니구나! 10년 후에 벌어질 지역의 문제를 상상하니 아득했다.

나주시가 이 정도라면 다른 지역은 어떨까? 사실 나주만의 문제가 아니었다. 나주와 인접한 전남의 시군 대부분이 겪을 일이었다. 당시 광역자치단체인 전남은 사정은 어떠했을까? 2000년 213만 명이었던 인구가 이후 2004년 7월에는 200만 명대가 붕괴되었다. 2008년부터 181만 명대로 감소했고, 2025년 11월 177만 9천 명으로 줄었다. 대부분의 정치인들은 이제야 지방소멸을 운운하지만, 신정훈은 이미 2004년에서부터 그 불안한 징조를 예감했던 것이다.

나는 당장 시청 직원들과 머리를 맞대고 방법을 찾았다. 그 결과 '1차 산업인 농업 문제 해결만으로는 안 된다. 젊은 청년들의 일자리를 만들어 낼 산업을 만들어내고, 기업들을 유치해야 한다는 결론에 도달했다. 지역에 수도권에 버금가는 정주 여건과 산업 환경을 만들자! 나주시 금천면에 남양유업을 유치하고, 공산면에 드라마 '주몽' 세트장을 만들고, 왕곡면에 지방산업단지를 만들었다.

하지만 그것만으로는 부족했다. 그 무렵 노무현 정부 내부에서 추진하는 혁신도시 개념이 내 안테나에 잡혔다. 나주를 혁신도시로 만들어야 나주가 산다! 2000년대, 노무현정부 초반, 나를 제외하고는 기초자치단체장이나 광역자치단체장까지 누구도 혁신도시 정책에 대한 정보를 파악하지 못하고 있었다. 지금도 자신 있게 말할 수 있는 것은, 정부가 정책을 내놓기 전부터 신정훈은 혁신도시 정책을 파악하고 준비하고 있었다는 점이다. 당시 국가균형발전위원회의 나주 출신 박동 정책실장의 조언이 있었기 때문에 가능한 일이었다.

이 대목에서 탁월한 국가균형발전론자였던 노무현 대통령을 거론할 필요가 있다. 지금처럼 인구 소멸, 지방 소멸이라는 용어 자체가 없었을 때부터 지방 소멸의 심각성을 가장 먼저 알아차린 사람이 당시 노무현이라는 정치인이었다. 그는 국회의원으로 있으면서 지방자치실무연구소를 운영하며 지역의 문제를 고민했던 지방 전문가였다. 2002년 노무현의원은 대통령이 됐고, 나는 나주시장이 되었다. 노무현 대통령은 중앙에서부터, 신정훈은 지방에서부터 지역격차 문제를 해소할 방책을 구하며 혁신도시의 주춧돌을 놓았다.

비록 무소속 시장이었지만 참여정부 시대에 나는 펄펄 날았다. 2003년부터 지방 살리기 3대 법안 제정운동을 적극적으로 주도했다. 지방에 있으면서 정부가 추진하는 국가균형발전 특별법, 신행정수도 이전 특별법, 공공기관 지방분권특별법(혁신도시 이전 특별법) 제정을 지원했다. 신행정수도에 대한 헌법재판소의 위헌 판결이 나왔을 때나 야당의 반대로 진척이 없을 때는 농민군이 주력인 '나주부대'를 이끌고 상경 투쟁해 균형발전 관련 법안에 힘을 실어주었다.

이후 참여정부는 지방 살리기 3대 법안 제정과 함께 혁신도시 10개, 행정수도 1개 등 11개의 거점 도시를 만드는 것을 국가정책으로 추진했다. 혁신도시에 172개 공공기관을 이전해 지역발전 거점이자 성장 동력으로 삼자는 것이 참여정부의 균형발전 정책이자 지방소멸 대응책이었다.

신행정수도에 대한 헌법재판소의 위헌 판결에
항의하여 헌법재판소 앞에서 1인 시위를 벌였다.

2003.11.
나주시민 2천명 여의도 국민대회 대거 참가,
참여정부 흐름에 맞춰 일찌감치
혁신도시 유치전에 돌입했다.

노무현 정부는 대한민국 국토 운영의 패러다임을 바꾸려 했다. 수도권에 과도하게 집중된 권력과 자본, 인재를 분산시키기 위해 공공기관 이전을 단행했다. 그 핵심 철학은 단순한 이전이 아니었다. 대학, 연구원, 기업과 공공기관을 모으는 산학연 클러스터였다. 공공기관 하나를 옮기는 것이 아니라, 그 기관을 중심으로 대학과 대형 연구소와 기업이 결합하는 새로운 산업 생태계를 만드는 전략이었다. 그것이 공공기관 이전을 전제로 한 혁신도시 전략이다.

　그러나 공공기관 이전은 쉽지 않았다. 정치적 저항은 거셌고, 지역 간 경쟁은 치열했다. 많은 지역이 "우리한테 기관 하나만 달라"고 요구했지만, 신정훈에게는 진짜 중요한 질문은 따로 있었다. 이전하는 공공기관이 지역에 어떤 산업을 만들어 낼 수 있을 것인가가 중요했다.

　나는 처음에는 나주에 농업혁신도시를 계획했다. 대표적으로 네덜란드의 와게닝겐시 같은 식품산업 클러스터를 만드는 것을 목표로 삼았다. 식품산업을 기반으로 한 기업과 연구소, 대학을 유치하고 일자리를 만들어서 광주·전남공동혁신도시가 전남 경제를 선도하는 도시를 계획했다.

　이후 광주와 공동혁신도시에 합의하면서 방향을 수정했다. 특히 박준영지사님과 박광태시장님의 결단에 따른 공동혁신도시 정책은 정부와 대통령의 마음을 움직여 최대의 공공기관인 한전을 배치하게 됨으로서, 에너지 관련 공공기관과 함께하는 '농업+에너지

혁신도시'로 방향을 선회하게 되었다.

에너지가 주도하는 산업재편은 이미 예고된 것이었다. 언제까지 지방이 수도권에 에너지와 인재와 먹거리를 대 주는 시대가 계속될 수는 없었다. 수도권은 결국 폭발할 것이고, 균형발전은 국가를 유지하려면 선택할 수밖에 없는 성장전략이고, 에너지가 있는 곳에 기업이 올 수밖에 없는 시대가 다가오고 있었다.

한국전력은 단순한 공기업이 아니다. 전력망을 쥐고 있는 기관이고 국가 에너지 시스템의 심장이다. 나의 선택은 옳았다. 전기를 생산해서 서울로 경기도로 보내던 시대에서 전기가 있는 곳으로 기업이 올 수밖에 없는 에너지 대전환의 시대가 온 것이다.

산업화 시대에는 항만과 철도가 있는 곳으로 공장이 몰렸다. 그러나 기후위기와 에너지 전환 시대에 산업의 입지는 달라질 것으로 보았다. 값싸고 안정적인 전력, 재생에너지, 지능형 전력망, 에너지 데이터가 있는 곳이 새로운 산업의 중심이 될 수밖에 없다. 한전을 전남으로 유치한 것은 전남을 단순한 전력 생산지에서 에너지 정책, 에너지 기술, 에너지 다소비 산업의 거점으로 만들기 위한 기초 준비 작업이었다.

당시 220여개 기초 자치단체 중에서 이처럼 혁신도시 기본계획을 가지고 혁신도시 유치에 뛰어든 도시는 나주가 유일했다. 결과적으로 나주는 전국의 혁신도시 중 가장 성공적으로 만들어내면서 전남 22개 시·군 중에서 유일하게 인구 그래프를 역전시키는 역사를 쓰기 시작한다. 신정훈의 무기는 투쟁력만이 아니다. 치밀한 준비와 계획이 있어야 투쟁력도 배가 되는 것이다.

< 나주 인구 변화 (2002~2022) > 그래프

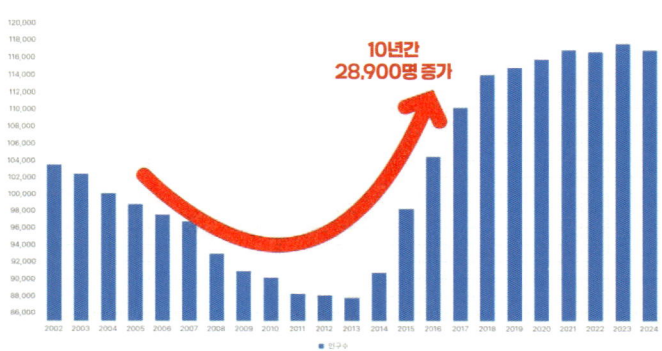

정부지방청사와 맞바꾼
한전 나주 유치

○

　나주의 인구동향을 확인한 나는 '서울에 있는 공공기관을 지방
으로 이전하는 것만 필요한 게 아니고 지방 도시를 키워 다핵 거점
도시로 만들어야 한다. 그러기 위해 광주에 있는 정부기관의 지방
청사를 나주로 이전해 새로운 성장 거점으로 만들어야 한다'며 김
두관 행정자치부장관을 설득했다. 김 장관과는 그가 남해군수로
있던 시절부터 친분이 있었다. 국가균형발전을 주장하는 자치분권
전국연대 활동을 통해 서로 마음이 잘 맞기도 했다.

　일이 순탄하게 진행되어 7월 28일 행자부의 향후 사업계획에 나
주시를 부지로 선정해 907억 원 이전 예산을 세우고 내부 행정망
에 행정자치부장관(김두관), 국무총리(고건)의 결재 사인까지 다
받아 행정절차를 마무리했다. 하지만 일이 꼬이기 시작했다. 초대

행자부 장관으로 개혁을 주도하던 김 장관이 9월에 중도 사퇴하고 허성관 행자부장관이 임명되면서 상황이 180도 달라진 것이다.

10월 하순 정부합동청사 부지가 나주시로 결정되었다는 언론 보도가 나오자 광주광역시가 거세게 반발했다. 뒤늦게 이런 사실을 알게 된 박광태 광주광역시장이 급거 상경했다. 박 시장의 격렬한 항의에 직면하자 새로 행자부 장관에 취임함 허성권 장관은 "아직 결정된 것은 없다. 광주·전남 합동 지방 청사를 광주에 지을 수도 있다"며 전임 김 장관의 결정을 백지화한 것이다. 몇 년을 공들인 큰 사업이 어그러지게 생겼으니 이대로 그냥 당하고 있을 수만은 없었다. 그날 저녁 뉴스에서 이 같은 상황을 알게 된 나는 밤새워 고민한 끝에 상경 투쟁할 계획을 세운 것이다.

당장 행자부 장관 집무실이 있는 광화문 세종로 정부중앙청사를 찾아가 기자회견을 했다. 기자회견 직후 행정자치부 장관실로 올라가 허성관 장관을 항의 방문했다.

"장관님! 행자부가 올 5월 현지 실사를 거쳐 나주시를 청사 건립 지역으로 확정한 것 아닙니까! 1차로 토지매입금 17억4500만원의 예산까지 국회에 요청해 놓고도 이렇게 갑자기 '결정된 것은 없다'고 하십니까? 어떻게 국가정책이 왔다 갔다 할 수 있습니까?"

곧바로 광화문 세종로청사 정문 앞에서 농성에 들어갔다. 당장 천막도 없으니 노천에서 단식을 시작했다. 그렇게 나는 11월 5일부터 정부중앙청사 앞에서 행자부의 일관성 없는 정책 결정을 비판하며 단식농성을 벌였다. 기자들이 몰려오고 격려와 지지 방문이 잇따랐다. '광주·전남 합동청사 유치 추진 비대위' 회원들도 상경해 나를 지원했다. 정부중앙청사 정문에서 환경미화원 복장을 하고 행정자치부의 '무소신 행정' '지역이기주의'라는 문구가 적힌 쓰레기(소형 박스, 깡통 등)들을 빗자루로 쓸어 담는 퍼포먼스를 벌였다.

몸을 돌보지 않고 중앙정부를 상대로 싸움을 거는 내가 보기 안쓰러웠는지 박준영 전남지사가 전화를 했다.

"박광태 시장과 내가 지금 협의하고 있네. 좋은 계획을 세웠네. 우리 서로 윈윈하는 방법을 찾아봅시다." 당시 이해찬 총리실을 중심으로 논의되고 있었던 상생 방안을 제시한 것이다. 광주·전남통합지방청사는 광주에 두는 대신 나주에 광주·전남공동혁신도시를 건설하는 방향으로 가닥을 잡자는 것이다.

그렇게 알고 단식 농성을 그만 접으라는 얘기였다. 곰곰이 생각해 보니 그대로 된다면 남는 장사였다. 결론적으로 이 빅딜은 나주로서는 전화위복이 됐다.

후일담이지만 박광태 시장은 왜 그런 결정을 내렸을까? 우선 재선 도전을 앞두고 있었던 박광태 시장에게 품 안에 있었던 지방청사의 역외(域外) 이전은 매우 부담스러운 일이었을 것이다. 당시 한전 노조의 나주 이전 반대가 심했기 때문에 박 시장이 한전이 진짜 혁신도시로 이전할 수 있을지 자신하지 못했기 때문일 수 있다.

그러나 전남광주의 더 큰 발전을 위한 박광태 시장과 박준영 지사의 통 큰 용단이라는 것이 더 확실한 정설이라고 본다. 최근에야 직접 들었던 박광태 시장의 회고에 의하면 당시에 이해찬 총리는 한전의 전남광주 배치를 머뭇거렸다고 한다. 광주·전남공동혁신도시는 한전을 끌어오기 위한 박준영지사와 박광태 시장의 신의 한수가 된 셈이다. 당시 박광태 시장이 내게 "지방세 300억을 전남이 써도 광주 것이고, 광주가 써도 전남 것이다. 신정훈 당신이 정말 멋진 영산강변에 멋진 혁신도시를 만들어 봐라."라고 했던 그 말씀이 나는 지금도 귓전에 생생하다.

　이처럼 나주가 한전과 16개 공공기관을 유치했던 것은 인구 감소 해결, 지역경제의 황폐화를 극복하기 위해 쟁취해 낸, 기적과도 같은 일이었다. 광주·전남공동혁신도시 나주 유치는 이처럼 물불 가리지 않고 매달리는 신정훈의 필사적인 노력의 결과물이었다.

2003.11.05.
정부중앙청사 앞에서 행자부의 일관성 없는
정책 결정을 비판하며 1인 단식농성을 벌였다.

한전공대 설립의 비사,
"KEPCO-TECH"

◯

2026년 1월 9일, 광주·전남 시·도통합을 논의하기 위한 청와대 간담회 자리에서 나는 이재명 대통령께 시·도통합에 대한 나의 의견을 말씀드린 후 개교한 지 4년을 넘긴 한국에너지공대 첫 졸업식에 대통령님이 꼭 참석해주시라는 건의를 드렸다.

"한국에너지공과대학이 윤석열 정부의 탄압으로 총장이 부재한 상태가 1년 반이 지나고 있는데도 불구하고 올해 정시 모집에 경쟁률이 74대 1이었습니다. 광주과학기술원(GIST)보다 커트라인이 20점 이상 높다고 합니다. 올해 2월이면 첫 졸업생이 나오게 되는데, 대통령께서 꼭 오셔서 격려해주십시오"

"아이고~ 대통령님이 꼭 오셔야 합니다."

내 발언이 끝나자마자 옆자리에 배석하신 박지원 의원께서 추임

새를 넣어 주셨다. 나의 바로 맞은편 자리에 앉은 이 대통령께서 입을 열었다.

2026.01.09. 전남·광주 국회의원 초청 오찬 간담회.
이재명 대통령께 한국에너지공대 첫 졸업식에 꼭 참석해
주실 것을 요청드렸다.

"듣던 대로 한국에너지공대가 경쟁률도 높고 정말 잘 되고 있다면서요. 그래서 제가 인공태양연구단지도 거기에다 배치하지 않았습니까? 제가 에너지공대 엄청 키울 겁니다. 학생 숫자가 너무 적던데 2배로 늘립시다. 지역인재 선발도 좀 더 많이 하고요 우리 정부 있을 때 빨리 법 개정합시다. 의원님이 개정에 앞장서주세요."

이 대통령께서 맞은편의 나를 바라보면서 말했다. 순간 가슴이 뭉클해졌다. 대통령이 이렇게까지 말했으니 한국에너지공대는 이

돌아온 광주 하나 된 전남

제 날개를 달게 된 셈이다. 한국에너지공대를 정책으로 만들고 대통령 공약에 반영해서 추진하기까지는 엄청난 난관들이 있었다.

혁신도시가 지방소멸을 막기 위한 전략이었다면 한국에너지공대는 에너지 주도 산업시대를 준비하기 위한 것이었다. 그 선두에 신정훈이 있었다.

2017년 4월 6일의 일이다. 박근혜 대통령 탄핵으로 조기 대선이 치러지면서 대통령 선거를 한 달여 남겨둔 상태에서 문재인 후보가 목포대 학생들과 간담회 자리에서 한전공대 설립 의지를 갑작스럽게 발표한 그날이다.

2017.04.06.
'청년일자리 창출과 지역인재 육성'이라는 주제로 '더불어민주당 문재인 초청 지역인재와의 대화'의 시간을 가졌다.

"나주혁신도시에 혁신도시 시즌2 사업을 하겠다고 약속했습니다. 많은 에너지 관련 기업을 그곳으로 모으겠습니다. 그에 더해서 포항공대처럼 한전공대를, 에너지를 전문으로 하는 공과대학을 만들겠습니다. 그렇게 하면 나주혁신도시가 에너지밸리로 커나가고 전남이 에너지 신산업의 메카가 되는 데 큰 도움이 되지 않겠습니까?"

'내가 잘못 들었나?' 간담회 맨 앞자리에 앉아 문 후보의 발언을 듣고 있던 나는 순간 내 귀를 의심했다. 왜냐하면 한전공대 설립 건은 그때만 해도 캠프 내에서 논쟁이 끝나지도 않았던 문제였기 때문이다. 캠프 내에서도 반대의견이 70%, 찬성의견이 30%로 밀리는 상황이었다.

사연이 있었다. 2017년 조기 대선정국이 열리면서 국회의원 선거에서 낙마한 뒤 야인 신분이었던 나는 문 대선후보 캠프의 농어업 담당 본부장으로서 호남대책반에 합류했다. 당시 내 과제는 노무현 정부 때 시작한 혁신도시를 어떻게 성공적으로 키워 나갈 것인가 하는 문제였다. 첫 번째 대통령 도전에 실패한 뒤 호남 지역민들의 지지율을 높이기 위해 호남 민심 공략에 열심이던 문재인 후보에게 부여된 임무이기도 했다. 당시 문 후보의 지지도는 10%대에 머물러 있었다.

"노무현 대통령이 만들어 놓은 혁신도시에서부터 호남권 여론을 공략하는 것이 좋겠습니다. 제가 안내하겠습니다."

하루 뒤 문 후보에게서 전화가 왔다. 나주혁신도시를 방문하겠다고 했다. 그날부터 내 고민이 시작됐다. 한전 정책 부서와 한전 사장 비서실에 한전의 비전과 중요 사업에 관한 자료를 요청했다. 서류를 유심히 살펴보던 내 눈에 장기계획 항목에 조그맣게 들어있던 'KENTECH'이라는 글씨가 눈에 들어왔다.

내 특유의 '직감'이 왔다. 그래 한전공대다. 몇몇 교육 전문가들과 토론한 결과 문재인 정부의 '혁신도시 정책 시즌 2'로 한전공대를 설립해야 한다는 나름의 결론을 내렸다. 그야말로 멀고 먼 한국에너지공대 설립의 시작이었다.

2022.03.02.
한국에너지공대 개교 첫 입학식 및 비전 선포식

2025.02.28.
한국에너지공대 대강당이 완공된 이후 처음으로 열린
25년도 학위 수여식 및 입학식 행사장에서

돌아온 광주 하나 된 전남

문재인 후보께
한전공대를 제안하다

○

2017년 1월 27일, 문재인 대통령의 첫 호남권 방문 날이다. 나주 혁신도시에 도착해 한전을 방문하기 직전에 문재인 후보와 함께 빛가람동의 한 국밥집에 앉았다. 임종석 후보 비서실장과 김경수 비서관이 배석했다.

"후보님, 참여정부의 결정으로 한전이 왔는데, 에너지신산업의 생태계를 구축하기 위한 한전공대 설립을 추진하는 게 어떻습니까?"

문 후보는 묵묵히 내 말을 경청했다.

"오늘 둘러보신 혁신도시가 제대로 국가균형발전 정책의 초점이 되기 위해서는 대학이 필요합니다. 에너지 전문대학, 한전공대를 만듭시다. 혁신도시에 세계적 공과대학을 만들어야 합니다."

내 말이 끝나자마자 문 후보 비서실장을 맡고 있던 임종석 실장이 나섰다.

"형님, 말도 안 되는 소리 마세요. 지방대학들이 지금 다들 문 닫고 있는데, 전남에 대학 세운다고 하면 전남대, 조선대가 가만히 있겠습니까? 선거 때 무슨 표 쫓을 일 있습니까?" 그는 강력한 톤으로 반대 의견을 냈다.

문 후보는 그런 타박에도 별말 없이 묵묵히 듣고만 있었다. 나는 뭔가 반박하고 싶었지만 때가 아니다 싶어 입을 닫았다. 임종석 실장이 생각했던 대학은 그냥 고등교육기관으로서의 지방대학을 말하는 것이었지만 내 생각은 달랐다. 지역의 산업을 혁신하고, 도시를 혁신하는 대학, 기술과 인재를 키워내는 대학, 에너지 신기술과 신산업을 뒷받침할 대학 설립이었다.

왜 그런가? 나는 이미 마음 속으로 한전공대 설립을 '혁신도시 시즌 2'라고 이름 지었다. 한전 등 공공기관의 지방 이전이 혁신도시의 1단계 사업이라면, 대학과 국가연구소 그리고 민간 기업을 기반으로 산업 생태계를 조성하고 기술과 인재를 양성하는 것이야말로 지방에 혁신도시를 건설하는 가장 중요한 목적이었다. 공공기관이 마중물이 되어서 연관되어 있는 기업과 대학, 대형 국가 연구소까지 포함되는 '산학연 클러스터'를 조성하는 것이 애초 노무현 정부의 혁신도시정책 목표였기 때문이다. 광주·전남공동혁신도시가 조성된 이후에도 내가 끊임없이 한전공대를 만들기 위해 노력한 것도 이 때문이다.

1회전은 명백히 신정훈의 패배였다. 반대의견이 만만치 않음을 알게 된 나는 이후 이낙연 전남지사, 조환익 한전 사장, 송영길 문재인 후보 중앙선거대책위원회 총괄선대본부장, 성경륭 전 국가균형발전위원장에게 의견을 구하며 지원을 요청했다. 일부에게는 한전공대가 이낙연 지사의 제안으로 시작된 것처럼 알려졌으나 이는 전혀 사실과 다른 일이다. 처음 이낙연 지사에게 한전공대 공약을 지원해달라는 요청을 했을 때 그는 매우 소극적이었다.

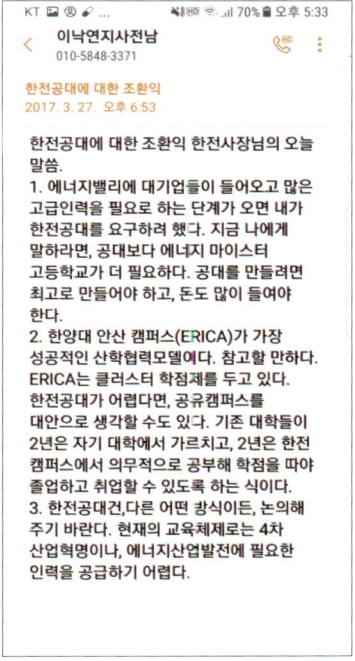

당시 이낙연 전남지사가 보낸 문자메시지

특히 한전의 조환익 사장과의 대화를 통해 내린 결론이라며 '한전공대는 시기상조이니 한양대 에리카 캠퍼스나 에너지마이스터 고등학교를 제안하는 것이 맞겠다'는 장문의 문자를 보내주셨다. 며칠 후에야 다시 조환익 사장의 의견이라며 그제서야 내게 적극 추진해보라고 동의해주었다. 하지만 임종석 후보 비서실장, 김진표 전 교육부장관 등 캠프 인사 대부분이 한전공대는 안된다고 했다.

김진표 전 장관은 "4년제 학부 대신 대학원 대학을 설립하면 좋겠다"며 기성 대학들의 반발을 의식해 학부가 있는 대학 대신 전문 인력을 키워내는 연구중심의 대학원대학 설립을 조언했다. "대학을 또 설립하는 것보다는 전남대 공대나 광주과기원을 지원하는 것이 훨씬 효과적"이라고 주장도 많았다.

나중에야 알았지만 내 의견에 가장 동의했던 사람은 그날 내 발언을 묵묵히 듣고만 있었던 문재인 후보였다. 문 후보는 노무현 대통령이 혁신도시를 추진할 때 참여정부 비서실장이었다. 공공기관인 한전과 더불어 기술과 인재를 키워내는 한전공대, 대형 국가연구소, 민간 기업이 어우러진 에너지 신산업의 생태계를 보유한 나주혁신도시에 대한 개념 설계가 돼 있는 사람이었다.

그래서 목포대학교 학생들과의 간담회 자리에서 평소 품었던 당신의 그런 생각을 자연스럽게 발표한 것이다.

생각지도 못했던 문재인 후보의 목포대 발언은 기막힌 반전을 가져왔다. 나는 신이 나서 문 후보의 해당 발언을 곧바로 강기정 상황실장과 이낙연 전남도지사에게 보냈다. 강기정 상황실장이 카톡에 이렇게 답신을 보내왔다. "다 니가(네가) 한 일이다." 내가 일을 저질렀으니 내 책임이라는 얘기였다. 이낙연 지사는 "얼른 언론에 알리시오"라고 답을 보냈다. 문 후보의 발언을 기정사실화하라는 얘기였다. 이낙연다운 반응이었다. 2라운드는 신정훈의 역전승이었다.

이후 문재인 후보는 광주 충장로 연설에서도, 광주 송정역 연설에서도 한전공대 설립을 공론화했다. 그리고 4월 17일 광주지역 선대위 출정식에서 '한전공대 신설'이 호남지역 공약으로 확정된다. 신정훈의 제안으로 한국에너지공과대학 설립이 문 후보의 호남권 제일 공약으로 등장하게 된 것이다.

2017.01.23.
전남 나주 한국전력공사 본사를 찾은 문재인 당시
더불어민주당 대선후보와 조환익 한국전력 사장

IT산업 생태계,
실리콘밸리와 스탠퍼드

○

한전공대, 지금의 한국에너지공대(KENTECH)를 내가 처음 머릿속에 담은 것은 국가균형발전위원회 해외연수 프로그램에서였다.

2004년, 나는 국가균형발전위원회가 운영하는 해외 연수 프로그램에 참여하는 행운을 얻었다. 미국 캘리포니아 실리콘밸리와 나파밸리, 스탠퍼드대학을 방문해 산업혁신의 모델을 견학했다.

대학과 공공기관, 민간기업 연구소 등이 모여 산학연관 클러스터가 조성되고 그 산업 생태계가 도시의 혁신을 만들어내는 현장을 두 눈으로 확인할 수 있었다. 실리콘밸리의 IT 혁신은 기술을 연구하고 인재를 키워내는 스탠퍼드 대학 등이 주도했다. 스탠퍼드대학교 객원 연구원으로 있던 박원순도 그때 만났다.

10여 명으로 구성된 연수단은 대부분 국회의원과 정부 관료들이었고, 지방자치단체장은 나 혼자였다. 나는 나주시장으로 재임하며 지방에서 국가 균형발전 정책이 좌초되지 않도록 적극적으로 중앙정부를 엄호했다. 자연스럽게 국가균형발전위원회와 가까워졌다. 나중에 혁신도시에 대해 다른 지방자치단체장들보다 먼저 공부해 가닥을 잡고 힘 있게 추진할 수 있었던 배경이다.

당시 나는 견학을 통해 새로운 산업혁신은 단지 자본만이 아니라 사람이 핵심 요소라는 것, 기술을 연구하고 인재를 양성하는 대학이 지역 혁신의 키워드가 돼야 한다는 것을 깨우치게 됐다. 그래서 내 머릿속에는 혁신도시가 그냥 공공기관을 이전하고 인구를 늘리라는 것이 아니라는 생각이 확실하게 자리 잡았다. 공공기관은 도시 혁신과 산업의 혁신을 위한 마중물일 뿐, 산학연 클러스터의 핵심은 기업에 필요한 인력을 양성하고 기술을 개발할 대학 설립이었다.

2007년, 나는 한국에 캘리포니아공대 한국 캠퍼스를 짓겠다는 분을 수소문해 만났다. 전남 담양 출신 부동산 부자였다. 내 간절한 요청에 그 분은 "글로벌 톱10에 들어갈 대학의 입지는 남방한계선이 수원이나 천안이라서 나주는 불가능하다"고 이야기했던 것으로 기억한다. 당시에는 안타깝게도 뜻을 접을 수밖에 없었지만 한전공대 설립에 대한 내 의지는 식지 않았다.

"대선 공약이라고
다 해야 합니까?"

○

문재인정부 100대 공약에 포함됐지만 정부 출범 이후에도 한전 공대 공약은 순조롭게 진행되지 못했다. 정권 출범 이후 6개월이 넘도록 한전공대 공약 이행은 진척이 없었다. 당시 나는 문재인청 와대 농어업비서관을 맡았다. 선거 때 문재인후보 캠프에서 전남 본부장을 맡은 데다 청와대 내에서 유일한 전남지역 출신 비서관 이었기에 한전공대 공약을 챙기는 일은 당연히 나의 몫이었다.

2018년 2월, 지역 공약을 담당하는 황태규 균형발전비서관에게 전화를 했다. 우석대 교수 출신으로 내가 일하는 농업비서관실 옆 방이어서 친분이 있었다.

"선배, 한전공대가 대통령 공약인데 왜 진행되는 프로세스가 한 번도 발표가 안 됩니까?"

돌아온 광주 하나 된 전남

황 비서관이 대번에 위쪽을 가리키면서 "아, 이거 아직 어렵습니다"고 했다. 뭔가 일이 잘못되고 있다는 것을 직감했다.

"윗분들이 완강히 반대해서 그냥 추진을 못하고 있습니다"

"무슨 소리예요? 대통령 공약을 누가 반대합니까?"

황 비서관이 목소리를 낮춰 말했다.

"장하성 정책실장 반대가 심합니다. 그래서 추진 못할 것 같습니다."

농어업비서관실은 정책실 산하 경제수석실 소속이었기에 장하성 정책실장은 내 윗사람이었다. 광주 출신에 고려대학교 경영학과 교수를 지낸 저명한 경영 학자였다. 임종석 비서실장 못지않게 청와대 내에서 목소리가 큰 인물이기도 했다. 당장 면담을 신청했다.

"선배님, 한전공대 공약이 왜 진행이 안 되고 있습니까?"

장 실장이 말했다.

"아, 한전공대 그건 안 됩니다. 저는 불가능한 일이라고 생각합니다." 임종석 비서실장이, 강기정 정무수석이 반대했던 그 논리였다. 하지만 이대로 물러설 수는 없었다.

"대통령 공약이고 고향에서는 목이 빠져라 기다리고 있습니다. 대통령님이 지역민들하고 약속한 첫 번째 공약입니다. 선배님 이걸 도와주십시오."

장 실장이 도리어 나를 설득했다.

"제가 대학은 신 비서관보다 더 잘 압니다. 제가 하버드에서 공부했고 고려대학교 경영대학도 직접 운영해 봤지않습니까? 그 문제는 저에게 맡겨 주세요."

장 실장이 내 말문을 막았다. 도리 없이 물러나올 수밖에 없었다. 지역민들과 약속이기도 하고, 대통령의 공약이었다. 무엇보다 처음부터 한전공대를 제안한 신정훈의 책임이기도 했다. 정책실장이 반대한다고 해서 이대로 포기할 수는 없었다. 며칠 후 다시 장 실장 면담을 신청했다.

"선배님! 한전공대는 대통령님 공약입니다. 다시 한 번 생각해 주세요"

장 실장의 목소리가 높아졌다.

"아니, 대통령 공약이라고 다 해야 됩니까?"

이대로 물러설 수 없었다.

"대통령이 약속한 것이니까 클리어하게 진행돼야 하는 것 아닙니까. 이렇게 그냥 슬며시 죽어버리면 어떻게 됩니까? 안되다면 안 되는 분명한 이유가 있어야 되는데, 지역민들은 문재인 정부에 학수고대하고 있는데…"

장 실장은 요지부동이었다. 당시 나는 비서관직을 그만두고 6월 지방선거에서 전남도지사 출마를 염두에 두고 있었다. 청와대를 나와야 될 처지였지만 도저히 이 상황을 받아들일 수가 없었다. 한전공대 공약은 혁신도시에 떨어진 감이 아니라 신정훈이 나무에까지 올라가서 따낸 과일이었다. 어떻게 만들어낸 공약인데 이대로 포기한단 말인가! 추진하지 못한다면 지역민들에게 합당한 이유를 설명해 줘야 되는데, 장 실장이 반대해서 못한다고 말할 수는 없었다.

당장 문재인 대통령 면담을 신청했다. 대통령의 복심이라고 말할 수 있는 정태호 정책기획비서관을 찾아갔다. 정 비서관은 선거 당시 대통령후보 정책을 총괄했던 본부장이었다. 나이도 비슷해 나와는 친구와도 같았다. 하지만 생각이 깊고 입도 무거워서 대하기 어려운 사람이기도 했다. 항의 반 하소연 반 그에게 푸념을 털어놓았다.

"한전공대가 장 실장이 저렇게 틀어막고 있어서 진행이 안 되고 있는데, 나는 내 지역민들에게 그것에 대해서 소식을 전달해 줄 의무가 있는 사람이다. 대통령님이 하지 않겠다면 승복하겠다. 그러나 대통령님의 의중을 확인해야지 않겠는가?" 정태호 비서관이 말했다.

"지금 그런 심정으로 대통령을 만나게 되면 감정이 섞일 것 같은데, 내가 대신 대통령님을 뵙고 올테니 잠깐만 기다리게"

신정훈의 손을 들어준
문재인 대통령

○

정태호 비서관은 한전공대 공약이 수립되는 과정, 그러니까 대통령의 의지를 잘 알고 있었다. 후보 때 본인이 캠프의 합의도 거치지 않고 목포대에서 공개해 버렸던 상황도 잘 알고 있었다. 그에게 맡겨보기로 했다.

한 시간이나 지났을까. 정태호 비서관한테서 전화가 왔다.

"대통령님께서 신정훈 비서관의 의견대로 한전공대를 예정대로 설립하겠다고 하셨다네"

뛸 듯이 기뻤다. 감사할 일이었다. 세상에, 청와대 정책실장도 반대하는데, 일개 비서관의 말을 믿고 문재인 대통령이 내 손을 들어 준 것이다. 다음날 한전 사장 직무를 대리하고 있던 김회천 부사장과 정재천 담당관이 내 연락을 받고 급히 상경했다. 나는 신이 나서 말했다.

"한전공대 기본계획을 세우세요. 우리 정부 임기 내에, 2022년 3월에 첫 입학생을 받을 수 있게 개교 준비를 하십시오."

이후 김회천 한전 부사장이 주도하는 대학 설립 TF가 구성되어 외부 용역을 통해 대학의 비전, 학제 등 기본계획 수립에 착수했다. 학제(學制)는 에너지 단일학과로 하자는 데 의견을 모았다. 교수법(敎授法)은 AI 기반의 교육으로 가닥을 잡았다. 예를 들어 에너지공대는 강의실이 일반 대학 강의실과 다르다. 학생들이 수업시간에 나눈 대화에서 주요 관심사나 질문 내용이 중앙 서버에서 분석된다.

어떤 학생은 배터리 부분에 관심이 많다, 적다는 데이터가 AI 시스템으로 다 분석된다. 그런 고등 교육의 혁신 방안을 강의실과 교육 시설에 다 반영하기로 했다. 이 교수법 자체가 국제특허를 3개나 보유한 새 교수법으로 현재 서울시교육청, 전남도 교육청 등에서 시범적으로 도입하고 있다. 에너지 신기술과 관련한 중점 연구 과제로 ▲에너지 AI ▲스마트그리드(지능형 전력망) ▲수소에너지 ▲기후 환경 ▲에너지 부품 소재 등 5대 중점 연구 과제를 확정했다.

수립된 기본계획이 최종적으로 국무회의 승인을 받는 과정도 순탄치 않았다. 가장 큰 쟁점은 역시 중앙정부의 재정 지원 규모였다. 관련 부처의 차관이 참석하는 한전공대 범정부 대책회의에 나도 멤버로서 참여했는데, 기재부는 해당 사업이 지역 공약사항이라는 이유로 국가계획으로 인정하는 데 소극적이어서 정부의 재정 부담

명문화에 강하게 반대했다. 나는 강기정 청와대 정무수석과 함께 기재부 차관을 끈질기게 설득했다.

그 결과, 기본계획 중 재정을 마련하는 재정계획 확정 마지막 단계에서 "지방자치단체가 부담하는 수준 이상으로 중앙정부가 재정적 지원을 한다"는 한 줄의 계획이 추가됐다. 문서에 인쇄도 못하고 '띠지' 형태로 겨우 국무회의를 통과할 수 있었다. 예를 들어 한전공대가 위치한 지방자치단체인 나주시와 전라남도가 100억씩 부담하면, 중앙정부는 그것보다 많은 250억 원을 지원하기로 한 것이다.

이후 21대 총선에서 재선 국회의원이 된 나는 정부 예산을 확실히 받기 위해 2021년도에 국회 예산결산특별위원회 계수조정소위원에 들어가 한전공대 예산 지킴이에 나섰다. 기재부의 완강한 반대를 뚫고 '지방비 지원(연 200억)' 이상이라는 기본계획 원칙에 근거하여 첫해 정부 지원 예산을 250억 원으로 확정했다. 이 금액은 이후 정부 지원의 기준이 되었다. 하지만 정권이 교체돼 윤석열 정부가 들어서면서 한전공대 지원 정책이 후퇴한다.

하지만 그대로 당하고 있을 내가 아니었다. 윤석열 정부에서 예산이 100억 원까지 삭감되었을 때도 추경과 본예산 편성을 통해 다시 250억 원으로 회복시켰다. 이재명정부가 들어선 이후 2026년 중앙정부 지원금은 늘어났다. 윤석열 정부 시기에 삭감한 금액까지 원상복귀한 것이다.

2025.08.05.
한전공대 설립과정의 추억을 나누며
김회천 前 한전 부사장과 함께

'신의 한수',
한전공대 부지 선정

○

대통령이 결정했다고 세상 일이 다 마무리되는 것이 아니었다. 기본계획 수립 후, 한전공대 설립은 '부지 선정'이라는 예상치 못한 난관에 봉착했다. 기본 계획에는 재정 계획이 있고, 입지(立地) 계획이 있다. 나는 당연히 광주·전남공동혁신도시가 있는 빛가람으로 생각했는데 생각지도 않게 법령상 정부가 공모 방식으로 추진한다는 것이다.

당시 한전공대 입지 선정이나 한전공대 프로젝트를 관리하는 청와대의 컨트롤 타워가 정무수석실이었다. 강기정 정무수석의 지원 아래 광주 첨단지구가 경쟁에 뛰어들었다.

혁신도시에 한전이 있고 각종 전력 에너지 기관들이 있으니 한전공대는 혁신도시에 위치해야 되는 게 상식적이다. 하지만 연구 대학이라는 입지로 보면, 광주과학기술원(GIST)이 인접한 첨단지구도 만만치 않았다. 한마디로 한전공대 나주 유치를 장담할 수 없는 상황이 조성되었다.

내 속이 바짝바짝 타들어갔다. 전남도가 계획하고 있는 공모 응모 안을 미리 알아봤다. 혁신도시 인근 전남산림환경연구소 부지, 농업기술원 부지, 혁신도시 외곽의 금천 고동리 등 3개 후보지를 검토하고 있다고 했다. "이걸로는 안 된다." 나는 직감적으로 이 세 곳으로는 입지 경쟁에서 밀릴 수 있다고 봤다.

광주는 광주과기원과 가까운 첨단지구로 우수한 인력과 정주여건 등 입지적 위치에서 프리미엄이 있었다.

착공했을 때 도시계획 변경 등 행정 절차에 소요되는 것들을 감안하면 광주에 밀릴 수 있었다. 혁신도시 유치 경험을 통해 공모 과정에서 심사 기준을 충족시키는 것이 얼마나 중요한지 알고 있던 터였다. 입지 경쟁에서는 정무적인 판단도 작용하지만 무엇보다 그걸 뒷받침할 수 있는 디테일한 심사 항목을 충족시켜야 한다. 그러려면 공모 점수가 높아야 한다.

그 방법이 뭘까? 2022년 3월 개교해야 한다면 부지 조성과 건물 신축이 빨리 될 수 있는 곳이 좋은 점수를 받을 수 있다고 봤다. 고민이 깊어졌다. 어느 날 평소 눈여겨봤던 혁신도시 내 골프장이 떠올랐다. '오! 바로 그거다' 그렇게 과거 혁신도시 유치 경험에서 얻은 노하우를 바탕으로, 나는 광주첨단지구와 경쟁할 최적의 대안으로 혁신도시 내 '부영골프장' 부지를 염두에 뒀다.

당장 김영록 전남지사를 만났다.

"현재의 전라남도 부지여건으로는 위험합니다. 그러니 골프장으로 합시다."

나는 부영골프장이 광주 첨단지구와의 경쟁에서 이길 수 있는 유일한 카드라는 것을 강력히 설득했다. 처음에 회의적이었던 김 지사는 결국 이 제안을 받아들였고, 이중근 부영그룹 회장과의 담판을 통해 부지 기부를 이끌어냈다.

이후 공모 심사가 진행됐고, 점수 차이는 아슬아슬했다. 이런 사정을 아는 사람들이 내게 말했다. 즉시 건축이 가능한 이 골프장 부지를 제안한 것이 광주를 제치고 유치에 성공할 수 있었던 결정적인 '신의 한 수'였다고.

2025.12.15.
대한노인회장을 맡고 계신
이중근 부영회장님을
찾아 뵙고 다시 한번
한전공대 부지기부에 대한
감사를 표했다.

뚝심으로 만들어낸
한전공대 특별법

○

　한국에너지공대는 기적과도 같은 드라마의 연속이었다. 2021년 3월 18일 밤, 국회 산자위(산업통상자원중소벤처기업위원회) 회의장에 들어선 나는 일생일대의 고민을 하고 있었다. 이대로 당론을 따라야 되는가? 지역민의 뜻을 받들어야 하는가? 내가 포기해버리면 지금까지 한전공대를 지역에 설립해서 새로운 미래를 그려보겠다고 하는 지역민들의 여망은 누가 책임질 것인가? 그 두 가지 상반된 생각이 머릿속에서 격렬하게 충돌했다. 머릿속에서는 불이 났고. 가슴은 까맣게 타들어가고 있었다.

　그 사정은 이러했다. 한국에너지공대가 추진되는 과정에서 또 한 차례 고비가 있었다. 특별법 제정 문제다. 기본계획을 실행하기 위해서는 교육부 산하 일반대학이 아닌 산업부 산하 특수법인으로 설립돼야 재정 지원과 설립 특례를 담은 정상 개교와 정부 지원이 가능했다. 나는 이를 위해 21대 국회에서 국회산업자원위로 자리를 옮겨서 기본 계획에 맞춘 한전공대 특별법을 준비하고 있었다. 그리고 2020년 10월, 나는 51명 의원의 동의를 받아 한국에너지공대법(이하 한전공대 특별법)을 발의했다. 하지만 특별법 통과는 쉽지 않았다.

대통령 공약대로 2022년 3월 개교를 위해서는 최소 1년 전인 2021년 3월까지 법안이 통과되어야 했는데, 야당은 당론으로 반대하고 있었다. 4월 서울시장 보궐선거를 앞둔 민주당마저 정치적 부담을 느끼는 눈치였다. 서울시장 보궐선거를 앞두고 서울 여론을 의식해 호남을 지원하는 특별법을 통과시키는 데 소극적으로 자세가 바뀐 것이다. 여당인 민주당이 특별법 통과 의지가 없다면 특별법은 무산되는 것이나 마찬가지였다. 당 지도부가 법안 상정을 보류하기로 했다는 얘기가 들려왔다. 만약 오늘 산자위 회의에서 특별법을 상정하지 않는다면 한전공대를 대통령 임기 내에 설립할 수 있는 골든타임이 넘어가는 상황이었다.

'이걸 참아야 하나, 안 참아야 하나' 두 가지 상반된 생각이 치열하게 교차하던 그 순간, 갑자기 내 속에서 뭔가 벼락같은 목소리가 들렸다. 그 순간 앉아 있던 회의장에서 벌떡 일어나 바로 옆 상임위원장실로 뛰어 들어갔다. 누군가 봤으면 거의 공중부양해서 달려갔다고 할 정도로 순식간에 일어난 일이었다. 몇 분 있으면 산자위 상임위원장이 이 회의장에 들어온다. 그러면 끝이었다. 한시가 급했다.

위원장실에서는 이학영 위원장과 송갑석 간사가 서로 마주보고 앉아 마지막 회의 내용을 조정하고 있었다. 이학영 위원장은 점잖은 분이고, 진보진영의 선배다. 송갑석 의원은 운동권 후배다. 두 사람과 친분이 있었지만 지금 그것을 생각할 겨를이 없었다. 두 사람을 어떻게든 막아야 한다는 생각밖에 없었다.

방에 들어서자마자 누구도 들어오지 못하도록 상임위원장실 출입구 손잡이 버튼을 본능적으로 눌러 문을 잠갔다. 그리고는 두 사람이 회의하고 있던 탁자를 온 힘을 다해 내리치며 소리쳤다. "야! 민주당 정부 누가 만들었어? 호남이 만들었잖아! 왜 가덕도 신공항은 눈 하나 깜짝 않고 통과시키면서 1조 원도 안 되는 이 눈물겨운 한전공대 하나를 통과를 못 시킨단 말이야…"

책상을 수없이 내리치고 몸부림을 쳐댔다. 두 사람은 어리둥절함을 넘어 황당했을 것이다. 내가 이렇게까지 막무가내로 반대에 나설 지는 생각하지 못했을 터였다.

"안 돼, 한전공대 특별법 상정 없이는 오늘 회의 안 돼."

나는 책상을 수없이 내려치며 악을 써댔다. 내 기세에 두 사람은 나를 말릴 생각조차 못했다.

위원장실 안에서 한바탕 난리가 난 것이 알려졌는지 누군가 상임위원장 방에 들어와 나를 뒤에서 완강히 껴안고 뜯어말렸다. 그가 격렬하게 발버둥 치던 나를 진정시켰다. 산자위 야당 간사 이철규였다. 지금의 국민의힘 이철규 의원이다.

"야 신 의원! 조금만 참아, 조금만 참아"

그가 내 귀에 대고 이렇게 말했다. 나는 우리 당에게 한전공대 특별법 통과를 결심하라는 것이었는데, 야당 간사가 와서 나를 말리는 것이었다. 생각지도 않은 반전이었다.

"내가 다시 생각해 볼게. 송갑석 간사하고 한번 상의해 볼게."

나는 숨을 몰아쉬며 의자에 앉아 결과를 기다렸다. 두 여야 간사가 위원장실 밖으로 나가더니 놀랍게도 10분도 안 돼 법안 통과에 극적으로 합의 처리하기로 한 것이다. 당이 당론으로 반대하던 법안을 그야말로 내가 죽을힘을 다해서 돌파해낸 것이다.

그렇게해서 3월 18일 상임위에서 합의 처리된 법안은 3월 23일 법제사법위원회의 야당 반대 명분을 약화시켰다. 상임위에서 합의 처리된 법안이니 야당이 아무리 한전공대 특별법이 잘못된 법안이라고 반대해도 명분이 없어지는 것이었다. 박광온 법사위원장의 원만한 중재로 마침내 3월 24일 한번공대특별법이 국회 본회의를 통과하는 기적을 만들어냈다.

참으로 기적에 가까운 우여곡절을 겪고 한전공대가 나주로 왔다. 고비마다 신정훈이 있었다. 그리고 해결했다. 그리고 서울공대와 카이스트 수준의 인재를 키우는 공과대학의 기틀을 닦은 것이다.

문재인 대통령은 2002년 3월 2일, 당신의 임기를 마치기 전에 한국에너지공대 개교식에 영상 메시지를 보내 한전공대 설립을 끝까지 응원했다. 다소 길지만 당시 메시지의 주된 내용을 인용해본다.

"한국에너지공대는 두 가지 큰 꿈을 품고 있다. 첫째는 국가균형발전의 꿈이고 둘째는 미래에너지 강국의 꿈이다. 노무현 정부는 국가균형발전시대를 열기 위해 나주를 혁신도시로 지정하고 한국전력공사를 이전시켰다. 에너지와 관련된 공공기관, 민간기업, 연구소들이 나주에 자리 잡게 됐고 광주와 전남이 힘을 합쳐 초광역 '빛가람 혁신도시'를 완성했다. 지금 나주는 광주에 이르는 인근 4개 산업단지와 함께 '에너지밸리'를 조성 중이다. 문재인 정부는 그에 더해 세계 최대의 신안 해상풍력단지를 비롯하여 서남해안을 신재생 에너지의 메카로 육성하고 있다… 광주·전남은 기존 에너지와 신재생 에너지를 망라하는 대한민국 에너지의 중심이 됐고 한국에너지공대가 그 심장이 될 것이다. 한국에너지공대는 국가균형발전의 새로운 활력이 될 것이다. 한국에너지공대를 구심점으로 지자체와 공공기관, 지역대학과 에너지업체들이 협력하고 나주와 광주·전남은 성공적인 지역혁신 클러스터로 거듭날 것이다. 청년 인재가 찾아오고 정주하는 선순환이 이루어진다면 국가균형발전의 성공적인 모델이 될 수 있을 것이다."

어떤가! 신정훈의 애초 구상과 딱 맞아떨어지는 메시지가 아닌가! 한국에너지공대 설립은 이제 전남 전체의 자산이자 미래 먹거리가 됐다.

꼭두새벽에 찾아온
핵융합 분야의 석학

○

세상에 저절로 이루어지는 것은 없다. 이번 핵융합 연구시설 유치도 오랜 준비와 계획, 그리고 집중적인 유치 운동이 거둔 성과였다. 한국에너지공과대학 개교 과정에서 기후 환경 분야에 김기만 석학 교수를 비롯한 핵융합·에너지 분야 핵심 인력들을 보유한 것이 결정적이었다.

이야기는 지금으로부터 5년 전으로 거슬러 올라간다. 2021년 9월 어느 날, 아침 일찍 정형균 후배의 소개로 김기만 교수가 왕곡면 장산리 시골집에까지 찾아오셨다. 나는 당시 21대 국회 산업자원통상위원이자 국회 예결위원으로 예결위 계수조정소위원회에 위원으로 참여하고 있었다. 김 교수는 나에게 초전도체 실증 시설에 대한 필요성을 강조했다.

"미래에너지 신기술의 핵심은 핵융합입니다. 이 핵융합 기술의 핵심기술인 초전도 도체 실험 시설인데 이 시설을 꼭 대학에 유치해 주십시오."

나는 순간 고민했다. 김 교수가 말한 예산을 세우려면 일단은 정부 내에 공감대를 얻어내야 했다. 또 하나, 이번에 내가 확보하고자 하는 예산들이 많이 있었는데, 그 예산을 포기해야 가능한 일이었다.

"이런 대규모 예산, 특히 수백억 원 규모의 핵융합 핵심 기술을 연구하는 예산을 마련하는 것은 정부 내에서의 합의도 굉장히 중요합니다. 제가 세운다고 세울 수 있는 것도 아니고요."

하지만 김 교수의 요청은 간곡했다. 예산을 확보해 핵심 기술을 갖추게 되면 장차 이전 계획을 세우고 있는 한국핵융합연구원이 계획하고 있는 연구시설을 유치할 수 있는 계기가 될 수 있다고 했다.

김 교수에 따르면 장차 'K.Star 핵융합실험로'와 '핵융합 실증로'를 짓기 위한 설비가 필요하기 때문에 기초과학연구권이 운영하는 한국핵융합연구원이 에너지 분원을 설립해야 한다는 것이다.

뭔가 '직감'이 왔다. 이 신정훈만의 '느낌'이다. 오랜 경험과 축적된 데이터가 압축된 힘으로 피드백이 가능한 반복된 경험이 직감을 발달시킨다고 한다.

나주에 한국핵융합연구소를 유치할 수 있다는데 내 마음이 동했다. 나는 김 교수님에게 적극적으로 노력해보겠다고 답했다.

기재부나 과기부에서 이 예산을 받아줄 수 있을지가 관건이었다.

그러려면 과학기술 분야에 문외한인 내가 이 문제에 대해 어느 정도 지식을 갖추고 있어야 했다. 과기부에 물었더니 "초전도 도체 실험 시설은 미래에너지 분야라서 아직은 '시기상조(時機尙早)'라는 분위기였다. 환경문제와 에너지 분야에 밝은 민주당 김성환 정책위의장에게도 조언을 구했더니 그 역시 "장기 연구 과제인 만큼 속도 조절이 필요"라며 당장의 사용 가능한 에너지 분야에 투자가 우선이라는 생각이었다.

예산을 세우기 위해서는 관련 분야 전문가를 만나 설명을 듣고 확신을 가져야 했다. 초전도 도체 연구 시설의 필요성을 좀 더 확인할 필요가 있었다. 김기만 교수로부터 국내 핵융합 권위자로 과학기술부 혁신본부장을 맡고 있던 이경수 박사를 소개받았다. 그는 당시에 문재인 정부의 과기부 제2차관이었으며, 이재명 정부의 국가과학기술자문회의 부의장으로 선임되었다.

이경수 박사가 말했다.

"핵융합 연구 시설은 미래 에너지 분야에서 가장 중요한 사업입니다. 첫 번째 핵심 기술인 초전도 도체를 선점하는 것이 향후 미래의 인공태양 연구시설(핵융합연구원 분원)을 선점하는 것이나 마찬가지입니다."

이 박사는 초전도 도체 실증 설비는 대형 국책 연구소라는 점에서 미래 지역 산업 생태계에 굉장히 중요한 연구개발(R&D) 기반이 될 것이라고 했다.

어렵더라도 예산을 확보해야겠다는 생각을 굳혔다. 죽을힘을 다해 노력하면 못해 낼 것이 없다. 결국 나는 2021년 국회 예산심의 때 핵융합 관련 8대 핵심기술 가운데 하나인 '초전도 도체 시험설비 구축 사업'(총 495억 원)을 국가 예산에 반영시키는 데 성공했다. 물론 내가 세우고자 했던 다른 예산은 포기할 수 밖에 없었다. 결과적으로 김기만 교수와 이경수 박사의 말을 경청해 추진했던 것이 이번 핵융합 연구시설 유치의 마중물이 됐다. 인공 태양이라고 부르는 핵융합 연구시설은 초전도체 실험이 가능한 핵심 기술과 부품들을 설계하고 구축하는 연구시설이다. 당시 이 박사의 확신에 찬 그 설명이 없었다면 당시 나도 예산을 끝까지 추진하기 어려웠을 것이다.

미래의 에너지원으로 연구되고 있는 인공태양 연구시설은 태양에서 에너지가 만들어지는 원리를 모방해 중수소와 삼중수소의 핵융합 반응을 통해 에너지를 생산하는 기술이다. 고갈 위기에 직면한 화석연료를 대체할 '꿈의 청정에너지'로 주목을 받고 있다. 하지만 아직은 세계적으로도 전인미답의 분야다.

그 핵심기술의 하나인 초전도체 실험시설은 1억℃라고 하는 초고온을 유지해야 되고 그 상태에서 삼중수소와 중수소가 핵분열과 핵융합 반응을 일으켜서 에너지를 얻는 것이다. 그 시간대도 현재는 30초 수준에 불과하지만 몇 분 정도가 유지돼야 발전이 가능해진다고 한다.

과기부 시설로 운영된 뒤 최종 완성돼서 발전하는 단계가 되면 산업부나 기후부 관할 연구소가 될 가능성이 크다. 이런 연구 인력과 시설이 하루아침에 만들어질 수는 없는 일이다. 오래 전부터 치밀한 준비와 작업이 필요할 수밖에 없다. 앞서 혁신도시나 한국에너지공과대학 설립 때도 거론했지만 신정훈은 그냥 위에서 떨어지는 감을 받아먹는 사람이 아니다.

윗쪽은 한국에너지공대 윤의준 초대 총장과 김기만 교수, 아래는 이경수 박사와 신정훈.
21년 국회 예산결산위원회 위원으로, 핵융합 실험시설인 K-스타와 초전도도체 실증시설에 관해 설명을 들었다.

인공태양,
미래 에너지의 새출발

○

나주가 조건이 좋았던 것은 사실이지만 국책 사업 공모는 마지막까지 안심할 수 없다. 광주·전남공동혁신도시라는 우수한 정주 여건, KTX가 정차하는 교통 편의성은 물론 국내 유일의 에너지 특화대학인 한국에너지공대(KENTECH)를 중심으로 한 연구 인력이 집적돼 있고, 미리 확보해 둔 초전도 도체 실험시설 등 핵심 인프라를 갖추고 있는 나주는 핵융합 연구 시설의 입지로서는 최적이라고 할 수 있다. 여기에 지진 발생 이력이 거의 없는 화강암 탄탄한 지반과 사통팔달의 교통 접근성도 갖추고 있다.

특히 이번 공모에서 나주는 군산·포항·경주 등 쟁쟁한 타 지자체와의 경쟁을 뚫고 인공태양 연구시설을 유치했다. 나주는 핵융합 핵심 기술인 초전도 도체 시설이 있어 입지 경쟁에서 유리했지만 전북 군산 역시 초전도체연구의 핵심 기술에 속하는 플라즈마 연구소를 보유하고 있다. 나주와 군산이 끝까지 경합했던 이유다.

나주 역시 총력을 기울였다. 나는 국회행정안전위원장으로서 직접 과기부 담당 차관을 면담하고, 김민석 국무총리에게까지 찾아가 나주의 입지 타당성과 오랜 준비 과정을 설명하는 등 힘을 쏟았고, 마침내 그 노력에 맞는 결과물을 받아들였다.

이번 인공태양 연구시설 유치로 나주는 공공기관(한전), 에너지 특화대학(한전공대), 대형 국가연구시설(핵융합 연구소)이 집적된 명실상부한 산·학·연·관 에너지 클러스터로 도약할 힘을 얻었다. 앞으로 인공태양 연구소가 제 역할을 하게 되면 한국에너지공대에 핵융합 전문 대학원설립도 검토해볼 수 있을 것이다.

이러한 에너지 생태계가 향후 AI 데이터센터와 같이 막대한 전력을 필요로 하는 미래 산업과 연계될 때 나주는 엄청난 시너지를 낼 수 있다. 정부가 추진하고 있는 AI 데이터센터, 국가 컴퓨팅 센터 등 AI산업의 핵심 기술은 전력 분야와 밀접한 관련이 있다.

에너지와 AI, 에너지와 데이터산업은 불가분의 관계다. 이제 나주의 에너지 인프라는 단순히 한 도시를 넘어, 전남 동부권의 산업 전환과 서남해안의 재생에너지를 연결하고 시너지를 내는 비전을 현실화할 수 있을 것이다.

이재명 정부는 에너지, 데이터 센터, AI, RE100 산단을 전남에 준비하고 있다. 이 모든 것이 나주에서 지난 20년간 준비한, 혁신도시, 한전, 에너지공대, 인공태양의 후속 작품이다. 고비마다 악바리 근성과 뚝심으로 밀어 붙인 신정훈이 어찌 감개무량하지 않을 수 있겠는가!

하지만 아직 거사는 끝나지 않았다. 어쩌면 이제 진짜 시작이다. 아직도 전남에서 교육받은 학생들이 고등학교를 졸업하면, 또 대학을 졸업하면 수도권으로 떠난다. 나를 포함한 전남·광주 정치인 모두의 책임이다. 우리가 기회가 만들어야 했는데 그러지 못했다.

전남·광주 통합이 기회다. 청년을 정착시키고 에너지를 근간으로 한 산업을 키워야 한다. 청년 정착과 에너지 주도형 산업, 이것이 전남·광주의 최대 과제가 되어야 한다. 한전과 한전공대도 들어왔고, 이미 전남이 재생에너지 전국 1위로 대한민국 에너지 수도의 위상을 굳건히 하고 있다. 해남 솔라시티에는 재생에너지와 넓은 부지를 바탕으로 오픈AI의 데이터센터와 국가 AI 컴퓨팅센터가 들어서게 된다. 국내 최대 규모의 데이터 산업 허브가 전남에 들어설 예정이다.

지방정부가 산업의 방향을 분명히 정하면 일자리는 따라오고 일자리가 생기면 청년은 돌아오게 되어 있다. 전남·광즈를 하나의 팀으로 묶어 상생 전략을 세우면 된다. 무엇보다 산업과 청년 정책을 하나로 묶어 대응하는 것이 중요하다. 한전과 한전공대를 중심으로 한 산학연 네트워크를 공고하게 정비하고, 재생에너지산업을 기반으로 데이터, AI, 반도체 산업을 육성하는 것을 전남·광주의 미

래 전략으로 채택해야 할 것이다. 그 길에 신정훈이 한결같이 앞장
설 것이다.

김민석 국무총리에게 인공태양 연구시설에 대해 설명했다.

2부

돌아온 '광주' 하나 된 '전남'

장산리 촌놈의
광주 유학생활

○

　나주 왕곡 장산리 촌놈이던 내가 광주인성고로 유학을 가게 됐다. 그 나이 때의 나는 별로 특이할 것 없는 평범하고 무난한 학생이었다. 부모님 시키는 대로 공부도 열심히 했고, 선생님 말씀도 잘 듣는 착한 학생이었다. 당시 인성고는 신생 사학이라 학교 당국과 학부모들의 기대가 컸다. 열정을 가진 교사들의 지도로 스파르타식 교육이 이뤄졌고, 대부분의 학생들이 그 방식을 따랐다.

　나는 예체능 과목이 다소 약하긴 했지만, 주요 과목인 국영수를 열심히 해서 점수가 좋았다. 그렇게 계속 공부했더라면 무난하게 서울의 대학에 진학해서, 회사원이 되거나 교사나 공무원이 되는, 평범한 인생을 살았을 것이다.

　그런데, 1980년 9월 전두환이 대통령에 취임한 직후, 학교 안 화장실 낙서사건과 연관되어 흉흉한 소문이 돌더니만 평범한 친구 '김용만'이 구속되면서 뭔가 가슴 속에 파문이 왔던 것 같다. 교실에서 웃던 친구가 갑자기 사라진 것은 당황과 두려움, 그리고 설명할 수 없는 억울함 같은 것이었다. 그것은 독재 타도 같은 직접적인 구호와는 다른 본능적이고 인간적인 감정이었다. 그렇게 친구의 갑작스러운 구속을 통해 처음 광주를 '사건'으로 체감했다.

1980년 그해 나는 광주 현장에서 5.18 항쟁에 직접 시위대에 참여하지는 못했다. 그렇지만 흉흉한 소문으로, 거리의 외침으로, 버스에 탄 시위대의 모습으로 내 삶 속으로 들어왔다. 했다. 5월 20일 전라남도교육위원회는 광주의 모든 중고등학교에 임시휴교 조치를 내렸다. 전날 계엄군의 진압으로 목숨을 잃은 시민의 시신이 발견되면서 시민들이 계엄군의 폭력 진압에 분노하며 시위에 나섰기 때문이다.

나주에서의 시위는 23일까지 계속 되었다. 5.18 항쟁 기간 동안 나는 영산포와 나주에 머물렀다. 어르신들의 한숨 소리가 커져갔고, 수백 명이 죽었다는 소문이 떠돌면서 시국이 심상치 않다는 것을 느낄 수 있었다. 내 아버지 같은 평범한 사람들이 잘 사는 세상은 쉽게 오지 않을 것이라는 생각을 했다. 그래도 졸업할 때까지는 무슨 '정치'나 '운동'을 하겠다는 생각은 없었다.

다만 5.18 광주의 진상을 어렴풋이 알게 되면서, 내 마음과 생각에 어떤 변화의 조짐이 생겼다. 그 변화의 첫 조짐은 대학 진학을 앞두고 아버님과 나눈 대화였다. 3학년을 마칠 무렵이었던 것 같다. 아버님이 물으셨다.

"정훈아, 대학교 어디 갈래?"

"고려대 정치외교학과에 가겠습니다."

내 머릿속에 있지 않았던, 나 스스로도 놀랄 만큼 갑자기 나온 대답이었다.

아버님은 아주 단호하게 말씀하셨다.

"안 된다. 정외과는!"

80년 5월을 겪은 호남의 민초들이라면 대부분 공통적으로 가졌던 그 정서, '정치하면 패가망신하고 인생 망친다'고 하는 그런 정서였을 것이다.

"아버님! 그러면 무슨 과(科) 갈까요?"

"법대나 상대를 가거라."

나는 아버님의 마음을 이해했기 때문에 정면으로 맞서 싸우지 못했다. 대신 우회하기로 했다.

"아버님! 그러면 고려대학교 신문방송학과를 가겠습니다."

아버님이 잠시 멈칫하시는 틈을 타서 "취직 잘 되는 학과랍니다."라는 말로 승낙을 받아냈다.

지금 돌아보면, 그때 왜 내가 정외과를 말했는지 정확히 알 수 없다. 성격도 내성적이었고, 앞에 나서서 말하는 타입도 아니었다. 그럼에도 불구하고 정치와 언론 계열을 선택한 건 아마도 '광주'가 내

안에서 어떤 방향성을 만들어내고 있었기 때문이었을 것이다. 나는 모르는 사이, 세상과 권력, 정의 같은 단어들이 내 삶의 바닥을 흔들기 시작했던 것이다. 아마도 내가 정치에 대한 DNA가 만들어지게 된 과정일 수도 있겠다. 하지만 그때까지만 해도 무슨 '운동권이 되겠다'거나 '정치를 하겠다'는 계획이나 의도는 없었다.

온몸으로 '광주'를 외치다.
- 미 문화원 점거 농성 사건

○

　대학에 들어간 뒤 '광주'는 나의 대학 시절을 온통 지배했다. 고려대 신문방송학과에 들어간 이후, 나는 곧바로 학회와 서클 활동을 통해 사회의식을 본격적으로 키워 나갔다. 사회과학의 이론적 지침서였던 경제학·철학 서적을 공부했다. 제3세계 독재자들의 사례를 통해 전두환 군사독재 정권의 본질과 한국 사회의 구조를 이해하려고 노력했다. '나의 조국이 왜 이렇게 됐는가'를 이해하지 못하면, '우리는 앞으로 어떻게 살아야 하는가'를 말할 수 없던 시대였다. 나는 독재체제를 어떻게 타도하고 새로운 나라를 만들 것인가 하는 고민을 주제로 친구들과 학습하기 시작했다. 그리고 3학년이 되면서 가두 투쟁, 점거 투쟁 등에 적극적으로 참여했다. '광주 학살'을 통해 집권했던 전두환과 민정당 정권을 타도하는 투쟁들에 적극적으로 참여했다. 가장 기억에 남는 사건은 전태일 열사 분신 14주기였던 1984년 11월 13일, 서울 관훈동 민정당 중앙당사 점거 투쟁이 있던 경험이다. 우리는 '전두환 퇴진' '민정당 해체'를 외치며 중앙당사를 점거했고, 그 과정에서 결국 나는 체포됐다. 건물 11층에서 외벽에 설치된 비상계단으로 연행되어 내려오면서 휘두르는 경찰의 진압봉과 발길질에 수없이 맞았다. 그런데 사람은 그렇게 맞으면 약해질 것 같지만, 오히려 정신적으로 더 단단해지는 경험을 했다. 고향에서의 우울한 소식도 나의 독기를 더 키우고 있었다. 아버님은 병환 중이셨다. 집안에서는 내가 자진 입대하기를 원했다. 급기야 고향에 계시던 형님이 학과 사무실로 찾아왔다. 데모하던 나를 붙잡아 고향에 데려가기 위해서였다. 나는 형과 가족들을 피해 다녔다. 학교 학생회관을 중심으로 생활하며 5월까지 버텼다.

해마다 5월이면 전국 대학생들의 피가 끓던 시대였다. 고려대는 말할 것도 없었다. 나는 5월 광주의 참상을 시로 썼던 김준태 시인의 '아아 광주여 우리나라의 십자가여'라는 시의 전문을 구해 학내 대자보에 써 붙였다. 광주 쪽에서 구입한 5.18 관련 독일어판, 일본어판 동영상을 학교 방송국에서 우리말로 더빙을 해 학생들에게 상영을 했다. 1985년 5월, 서울 미 문화원 점거 농성은 내 인생에서 처음으로 광주라는 문제를 정면에 놓고 선택한 행동이었다. 돌이켜보면 신정훈과 광주의 정치적 인연의 본격적인 출발이기도 했다. 그때 우리가 던진 질문은 단순했다. 광주 학살의 배후에 미국은 책임이 없는가? 미국은 왜 신군부의 반인권적 학살에 침묵했는가? 5.18 광주 학살 당시 외곽 경비를 맡았던 20사단은 한미연합사 휘하에 있었던 부대로 알려졌었다. 우리는 광주시민을 학살한 전두환 군사정권의 뒷배 노릇을 해주고 있었던 미국에 대한 엄중한 경고와 함께 신군부와 미국과의 관계를 떼어 놓아야 한다고 생각했다. 그렇게 서울대·연세대·고려대·서강대·성균관대 5개 대학, 삼민투 소속 73명의 학생들이 1985년 5월 23일부터 26일까지 미국문화원을 점거하고 광주학살에 대한 미국의 책임을 묻고 공개사과를 요구했다.

내가 일하는 국회 행정안정위원장실에는 1986년 5월 26일 자 〈한국일보〉 호외(號外) 사본이 걸려 있다. 미 문화원 농성을 다룬 신문 기사다. 지면 한가운데 호송버스 창밖으로 손을 내밀어 구호를 외치는 한 대학생의 사진이 있다. '아직도 지치지 않은 듯한 농성 학생이 버스에 올라탄 뒤에도 계속 주먹을 쥐고 구호를 외쳐대자 동승한 사복 차림의 여경이 이를 제지하고 있다.'는 설명이 붙어있다.

나는 나흘을 굶었는데도 경찰에 연행되면서 지치지 않고 악을 써댔다. "광주학살 책임지고 미국은 공개 사과하라!" "광주시민을 학살한 전두환은 퇴진하라!" 무엇이 나를 그렇게 지치지 않게 했을까? 학살 정권에 대한 분노였고, 국민에 대한 애정이었을 것이다. 내가 그때 서울에서 벗들과 동참했던 투쟁은, 고유명사가 아닌 보통명사가 되어버린 '광주'를 내 삶의 중심으로 가져오는 과정이었다. 그때 '광주'는 '남의 일'이 아니라 '내가 살아가는 이유'였다.

1985.05.27.

미 문화원 점거농성을 해산하고 경찰에 연행 중 창밖 시민을 향해 미국의 공개사과 요구를 외쳤다. (한국일보 호외판)

신문에는 '아직도 지치지 않은 듯한 농성 학생이 버스에 올라탄 뒤에도 계속 주먹을 쥐고 구호를 외쳐대자 동승한 사복 차림의 여경이 이를 제지하고 있다.'는 설명이 붙어있다.

2025.05.18.

5월묘역에서 열린 광주민주화운동 기념식에서… 40년 전, 5월 미 문화원
사건을 함께 계획 했던 그날의 동지들(김민석, 박선원, 강기정)을 만나
반가운 인사를 나눴다.

돌아온 광주 하나 된 전남

전남도의원 신정훈은
왜 삭발까지 했나?

○

　정치의 길로 들어선 뒤 '광주'는 또 다른 방식으로 내 삶에 들어왔다. 지금도 간직하고 있는, 오래된 사진 한 장을 들여다본다. 1999년 6월 30일, 전남도청의 무안이전을 위한 도청 소재지 변경 조례안이 도의회 본회의에 상정되자 나는 의장석을 점거하고 의사진행을 격렬히 반대했다. 그런 나를 당시 민주당 소속 도의원들이 내 양팔을 붙들고 단상에서 끌어내다시피 데리고 나오는 사진이다. 나는 왜 그때 삭발까지 했을까?

　1995년, 민선 자치 시대가 열리면서 나는 전남도의원이 되었다. 내 정치 인생의 출발지였던 전남도의회는 당시에 광주에 있었다. 하지만 나의 첫 정치 인생, 첫 도의원 임기는 시작부터 순탄치 않았다. 김대중 대통령의 1993년 특별담화로 시작한 전남도청의 이전 논의가 본격적으로 시작되었기 때문이다.

도청 이전 문제는 단순한 청사 이전 문제가 아니었다. 우리지역의 정체성과 생활권, 그리고 전남·광주의 관계 자체를 다시 묻는 문제였다. 도의회에서 이전 조례안이 추진되면서 나는 도청 이전 반대와 시·도통합 추진 운동의 선봉에 섰다. 나는 도청은 단지 행정기관이 아니라 도민들의 정신적 구심이라고 생각했다. 1980년 5월 광주의 상징이자 민주주의의 성지였다. 그런 도청을 이전한다는 것은 도청을 단순히 행정기관으로만 보는 근시안적 행태라고 생각했다. 전남과 광주는 한 뿌리이고 언젠가는 통합해야 할 일인데, 멀리 목포권으로 이전한다면 전남과 광주는 심리적으로도 물리적으로도 더 멀어져 통합은 더 힘들어질 것이라 확신했다. 더 나아가 도청 이전으로 인한 정체성의 훼손으로 지역간 갈등과 시도간의 분열은 불을 보듯 뻔한 일이었다.

전남도의원으로서 나는 광주에 있는 전남도청을 목포로 이전하려는 전남도의 결정에 반대해 도청 이전에 맞서 끝까지 싸우기로 했다. 당시 중부권 의원을 중심으로 보성과 고흥 출신을 포함한 12명의 도의원이 나와 함께 했다.

전남과 광주가 분리된 것은 1986년 11월이다. 학생들의 시위 등으로 집권기반이 무너지고 있었던 전두환 정권이 광주 민심을 다독이기 위해 80만 인구의 광주를 광주직할시로 승격시킨데서 시작되었다.

1999.06.30.
전남도의원 당시 전남도청 이전에 따른 소
재지 변경조례안 통과에 거세게 항의했다.

출발부터가 지역민의 민심과 동떨어진 정략적 결정이었으니 정
통성이 없는 광주전남 분리였다. 광주, 전남의 행정구역이 분리되
면서 공동학군제 문제라든가 교통, 문화, 의료 등에 여러 불편 사
항이 확산되기 시작했지만 전남도청이 광주 시내에 있었기 때문에
시도민들은 이 행정 분리로 인해 나타나는 불편 사항을 크게 느끼
지 못했다.

전남도의회 역시 도청 바로 옆에 의사당이 있었다. 나는 도의원
활동을 위해 도의회가 있는 광주를 무시로 왕복해야 했다. 도청이

분리됐으면 도청이 전남도 지역으로 움직이는 게 당연했지만 지역 민들은 별다른 불편 없이 광주를 찾아와 도청의 민원 업무를 봤다. 당시만 해도 광주와 전남은 행정적으로만 분리돼 있었지, 실제 생활과 정서, 역사로 보면 하나의 공동체였다.

하지만 95년 지방자치제 전면 실시로 민선자치 시대가 되면서부터 본격적으로 시도 분리로 인한 여러 가지 어떤 행정구역 간 불협화음이 발생하게 됐다. 이런 부자연스러운 동거를 공식적으로 문제 삼은 사람이 허경만 전남지사였다. 광주시·전남도 통합을 추진하겠다며 송언종 광주시장과 협의에 들어갔다. 전남도는 통합 추진 전담 기구도 설치하고 통합에 나섰으나 광주시는 통합을 원하지 않았다. 이미 행정기관과 유관기관들이 속속 들어섰기에 시·도 통합은 공무원들에게는 자리가 없어질 수 있다는 위기감을 주는 중요한 요인이 되었다. 그렇다고 허경만 지사가 적극적으로 밀어붙인 것도 아니다. 실제로 주민들의 어려움을 해결하려는 절박한 의지가 없었다. 일각에서는 허경만 지사가 재선 고지에 오르기 위한 전략으로 시·도통합을 추진했다는 분석도 있었다. 결국 허경만 지사는 시도 통합 논의가 지지부진하다는 것을 핑계 삼아 목포권인 무안으로의 도청 이전을 결정하고 만다. 변죽만 울리고는 민주당과 동교동계의 입김에 밀린 형국이었다.

지역 정치권의 이 같은 일방적인 도청 이전 추진에 도민들의 밑바닥 민심은 반대 기류가 상당했다. 전남도의원인 나는 이런 민심을

돌아온 광주 하나 된 전남

유심히 살펴 민심을 대변해야 했다. 첫째, 도청이 목포권으로 옮겨가는 것에 대해 동부권과 중부권 주민들의 불만이 컸다. 그분들 입장에서는 차라리 광주에 있는 게 나았다. 두 번째, 수도가 서울에 있는 것이 관습 헌법에 맞다는 과거 헌법재판소의 판결처럼 전남도청은 시도민들의 정신적 구심이자 시도민들을 하나로 통합하는 구심이었다. 그래서 나는 광주와 전남은 한 뿌리이기 때문에 다시 하나의 행정기구로 통합돼야 한다는 자연스러운 결론에 이르게 됐다. 도청 이전 반대는 자연스럽게 '시·도 통합' 논의로 이어졌다.

신정훈이 주도한
도청이전 반대와 시·도 통합

○

1999년 3월, 도의회 내에 '도청이전 반대 시·도 통합 추진위원회'를 꾸려 내가 사무총장을 맡았다. 이후 시·도통합추진위를 시민단체까지 포함해 '도청 이전 반대 시·도통합 추진 범시도민 위원회'로 확대했다. 전남도의회을 대표해 나는 시·도통합 범시도민 추진 위원회 공동 위원장을 맡았다. 나는 토론회를 다니며 강연도 하면서 시·도통합 추진 세력을 탄탄하게 조직했다. 전남도의회 12명의 도의원들은 단호한 의지와 결의를 다지는 차원에서 삭발을 단행했고, 도청 이전 반대 여론을 전달하기 위해 국회까지 상경 투쟁도 하면서 동교동계와 민주당을 압박했다. 급기야 전남도의회를 점거, 도청 이전의 법적 절차인 도의회 의결 과정을 육탄으로 저지하는 투쟁을 벌이다 끝내 동료 의원들에 끌려나왔던 것이다. 몸을 던져

도청 이전에 반대한 도의원은 나를 비롯해 나주의 박경중, 담양 최형식, 화순 임호경, 보성 황병순, 고흥 이일형 신윤식, 곡성 최병순 강진 윤영배, 장성 변선의 등이다.

온 몸을 던진 우리의 노력에도 불구하고 1999년 6월 30일, 전남도의회에서 '전남도청 이전 조례안'이 통과됐다. 전남도청의 무안 이전이 확정된 것이다. 집권당인 민주당 의원들이 주도하고 다수 민주당 의원들의 표결에 의해 통과됨으로써 시도가 영구적인 분리 상태로 가게 된 것이다. 그럼에도 나를 비롯한 전남도의회 의원들과 시민단체가 주도한 시·도통합 추진투쟁은 1999년~2001년까지 2년 동안 끈질기게 이어졌다. 이처럼 1998년부터 시작된 허경만 지사와 송언종 시장의 시도 통합은 변죽만 울리고 정략적이고 이기적인 통합 논의에 그치고 말았다. 주민들의 어려움을 해결하려는 절박한 의지가 없었기 때문에 당연히 실패로 돌아갔다.

싸움은 졌지만, 우린 소중한 성과를 거두었다. 전남과 광주는 한 뿌리이며, 발전을 위해서는 하나로 뭉쳐야지 흩어져 있으면 안 된다는 사실을 도민에게 알릴 수 있었다. 비록 도청 이전을 막지는 못했지만, 언젠가 이 저항이 전남과 광주를 통합하는 계기가 될 것으로 확신했다.

2018년 4월, 문재인청와대 농어업비서관을 그만두고 전남도지사 민주당 경선에 뛰어든 나는 주민들에게서 무안에 있는 도청에 한번 가기도 어려워서 행정서비스를 제대로 받고 있지 못하고 있다는 의견을 많이 들었다. 나는 순천시에 전남도제2청사를 건립해 이 같은 어려움을 해소하겠다고 말했다. 목포에서 순천까지 고속화 철도를 건설해 영남 남해안과 더불어 신해양 남해안 시대를 열겠다는 당찬 포부를 밝히기도 했다. 후에 국회의원이 되어서도 광주와 전남의 분리에 대한 안타까움, 시·도통합에 대한 염원은 늘 내 마음속에 남아 있었다.

지방소멸 극복의 생존 전략, 통합특별시

○

　2026년 새해 벽두에 터진 시·도통합 선언은 내 예상을 뛰어넘는 것이었다. 지난 1월2일, 강기정 광주시장과 김영록 전남지사의 시·도통합 선언은 시도민들을 당황하게 했고, 나를 비롯해 오랫동안 지역균형발전을 주장해 온 자치분권 운동가들에게도 당혹감을 주었다. 지방정부의 파트너인 시도의회 의장에게 사전 통보도 없이 갑작스럽게 추진됐기 때문이다.

　앞서 거론했지만 1999년 시·도통합이 추진됐다가 무산된 이후 인구감소와 지방소멸이 급속도로 진행되자 2020년 당시 이용섭 광주시장이 통합을 다시 제안했다. 그해 11월 2일, 이용섭 당시 광주시장과 김영록 전남지사는 전격적으로 행정통합 논의를 위한 합의문에 서명했다.

하지만, 광주 군 비행장 이전 문제를 비롯한 핵심 현안에서 두 시 도지사는 이견을 보이면서 통합은 진전을 이루지 못했다. 이용섭 시장은 통합에 대한 넓은 안목과 적극적인 의지가 있었다. 하지만, 통합에 관한 기본 원칙에 대한 합의에도 불구하고 이용섭 시장이 물러난 후, 작성된 광주전남연구원의 최종 용역보고서(2023.3)는 그야말로 왜 시도 통합을 하자고 했는지, 언제 하겠다는 것인지 알 수 없을 정도로 부실했다. 보고서에는, 1단계에서는 경제 공동체, 2단계에서는 경제 통합, 3단계에서야 행정통합을 시행한다고 되어 있어, 사실상 행정통합을 장기 과제로 미루어 버렸다. 당분간 하지 말자는 보고서를 내놓은 셈이나 마찬가지였다.

이런 양시도의 통합에 대한 부정적 인식과 결정이 있었기에 2025년 12월 말, 대전·충남에 이어서 전남·광주도 통합해야 한다 는 이야기가 나왔을 때, 가장 통합에 앞장섰던 내가 가장 먼저 신 중론을 내세웠다.

이에 나는 1월1일 페이스북에 글을 올렸다.

"이재명 대통령이 추진하는 시도 통합의 방향은 원칙적으로 맞 습니다. 전남과 광주도 그렇게 움직여야 합니다. 하지만 일부 정치인 들의 주장처럼 준비도 없이 당장 시도 통합을 실행하는 것에는 우 려를 갖게 됩니다. 도민과 시민을 제쳐놓고 정치인들이 졸속으로 처 리할 일이 아닙니다."라고 지적했다. 나는 주민이 주도하고 동의해야 하고, 전남과 광주가 경제와 생활에서 협력의 성과를 차곡차곡 쌓

돌아온 광주 하나 된 전남

아야 하며, 어느 지역도 소외되는 일이 없어야 한다는 '신정훈의 통합 3원칙'과 늦어도 2030년까지 추진하자는 시한을 제시했다.

하지만 1월 2일, 강기정 광주시장과 김영록 전남지사는 "더 이상 통합을 미루지 않겠다"며 '광주·전남 대부흥의 새 역사'를 열겠다고 천명했다. 내 속으로는 이번 6월 선거에서는 시·도통합을 공약으로 내걸고, 다음 시도지사의 임기 내인 2030년까지 통합을 마무리하는 것이 순리라고 생각했다.

하지만 깊이 알아봤더니 국가 생존 전략 차원에서 이재명 대통령이 강력한 의지를 바탕으로 행정통합을 추진하고 있으며, 파격적인 지원을 할 준비도 하고 있다는 것을 파악하게 됐다. '이재명의 속도'가 신정훈의 속도보다 빨랐다. 그렇다면 나는 충분히 도민과 시민이 충분히 찬성할 것이라 확신하고 2026년 6월 지방선거 전에 특별법을 만들어 통합하는 것에 찬성하기로 했다.

지방정부를 이끈 경험이 있는 이재명 대통령은 지방 주도 발전이 국가 생존 전략이라는 철학을 가진 균형론자이다. 성남시장 시절부터 중앙 집중적 행정의 한계를 누구보다 실무적으로 체감한 지방정부 책임자였다. 그는 중앙정부의 승인과 지침에 과도하게 의존하는 구조에서는 지역의 문제를 신속하게 해결할 수 없다고 보았다. 청년 배당, 무상 교복, 무상 산후조리와 같은 선진적인 정책을 추진하면서 중앙정부와 얼마나 많은 갈등을 겪었나?

경기도지사 시절에는 수도권 내부의 불균형조차 해결하지 못하면서 국가균형발전을 말할 수 없다고 보았고, 이에 따라 경기 북부와 남부의 격차 해소, 산업·의료·교통 시설의 권역별 분산에 경기도 단위의 재정조정도 강화했다. 특히 광역자치단체가 실질적 정책 주체가 되지 않으면 균형발전은 공허한 구호에 그친다는 점을 반복해서 강조해 왔다. 더불어민주당 대표 시절에는 분권 철학을 국가적 의제로 명확히 제시했다. 당에서 지방재정 확충, 국세·지방세 구조 개편, 자치경찰제·자치분권 2단계 과제의 실질화를 주요 정책 의제로 설정했고, "지방정부를 중앙정부의 하청기관처럼 다루는 구조를 끝내야 한다."고 밝혔다.

대통령 후보 시절에는 이런 내용을 공약으로 제시했다. 수도권 일극 체제가 지속되면 대한민국 전체가 공멸의 길로 갈 수밖에 없다고 진단하고, 초광역 단위의 행정 개편, 권역별 메가시티, 지방정부 권한 대폭 이양을 국가 과제로 제시했다. 이런 맥락에서 봤을 때 전남·광주 통합은 이재명 대통령이 오랜 시간에 걸쳐 축적해 온 자치분권 철학의 자연스러운 귀결이며, 지방소멸이라는 구조적 위기에 대응하기 위한 균형발전 차원의 생존 전략이라는 것을 확인할 수 있었다.

전남·광주를
'한국의 캘리포니아'로

○

　시·도통합의 당위성은 뭘까? 수도권 일극 체제는 우리나라의 빠른 산업화에 도움이 됐지만, 이제 한계에 도달했다. 서울은 집값 폭등과 교통 혼잡, 생활비 급등이라는 극심한 비효율에 시달리고 있고, 반대로 지방은 인구 유출과 산업 공동화로 소멸의 낭떠러지에 서 있다. 현재의 산업·인구·교육의 수도권 집중은 더 이상 성장 동력이 아니라, 국가 발전의 구조적 걸림돌로 작용하고 있다. 이에 따라 정부도 중앙 주도 성장전략에서 벗어나, '지방 주도 성장'을 핵심 국가전략으로 전환하겠다는 의지를 공식화하고 있다.

　그동안 대한민국의 성장전략을 둘러싼 논의는 무수히 많았다. 북방으로 가자, 남방으로 진출하자, 동아시아 협력을 강화하자, 남북 평화를 바탕으로 평화 경제를 만들자, 이렇게 여러 전략이 제시

되었다. 그러나 어느 하나의 전략도 국가 전체를 통째로 살리는 만병통치약이 될 수는 없었다.

그렇다면 해법은 무엇인가? 북방이든 남방이든, 대륙이든 해양이든, 결국 '지방을 키우는 전략' 없이는 안 된다. 국가의 성장과 운명을 더 이상 수도권이라는 하나의 축에만 맡길 수는 없다. 이제는 지방이 세계와 직접 경쟁하는 구조, 다시 말해 국가가 아니라 '지방단위·도시 단위'가 글로벌 플레이어가 되는 전략을 선택해야 한다.

그 대표적인 사례가 미국의 캘리포니아다. 캘리포니아주의 경제 규모는 단일 국가로 환산하면 세계 6위권에 해당한다. 실리콘밸리를 중심으로 한 첨단기술 산업, 로스앤젤레스의 문화·콘텐츠 산업, 농업과 친환경 에너지 산업까지 아우르는 산업 생태계는 연방정부의 지시가 아니라 주 정부 차원의 정책 권한과 재정, 규제 자율성 위에서 성장해 왔다. 캘리포니아는 '미국의 한 주(州)'이지만, 동시에 세계와 직접 경쟁하는 하나의 경제권이다.

독일의 바이에른 역시 마찬가지다. 바이에른주는 BMW, 지멘스 등 글로벌 제조업과 첨단산업을 기반으로 독자적인 산업 전략을 추진하고 있다. 연방정부와 분권적으로 권한을 나누는 구조 속에서 지역 주도의 혁신과 성장을 실현해 왔다. 캐나다의 퀘벡은 언어와 문화의 자율성을 토대로 항공우주, AI, 게임 산업을 육성하면서 북미와 유럽을 동시에 연결하는 전략 거점으로 자리 잡았다.

오늘날 세계는 '국가 대 국가'의 경쟁이 아니라, '도시 대 도시'의

돌아온 광주 하나 된 전남

경쟁으로 이동하고 있다. 전남·광주 통합은 단순히 행정구역 조정 문제가 아니다. 전남·광주를 '세계와 경쟁이 가능한 하나의 경제권'으로 재편해서 국가 경쟁력을 높이려는 전략적 선택이다. 전남·광주를 '한국의 캘리포니아'로 만드는 것이다.

대한민국이 강해지기 위해서는 지역이 강해져야 한다. 쉽게 말해, 중앙의 간섭 없이 세계와 경쟁할 수 있는 '서울'을 다섯 개는 만들어야 한다. 이것이 이재명 정부가 국정의 핵심 과제로 제시한 '5극 3특 전략'이다. 나는 이 말이 발음도 잘 안되고 국민이 직관적으로 이해하기 쉽지 않은 용어라, 그냥 '서울 5개 만들기'라 부른다. '5극'은 수도권, 충청권, 호남권, 동남권, 대구경북권을 말하고, '3특'은 강원·전북·제주특별자치도를 뜻한다. 전국을 다섯 개의 권역으로 나눠 각 권역이 중앙의 개입 없이, 연방제에 준하는 권한을 가지고 세계와 독자적으로 경쟁할 수 있는 '서울'을 다섯 개 만들고, 특별자치도에는 특별한 방식의 자치권과 발전 전략을 부여하겠다는 구상이다.

이 '서울 5개 전략'은 지역을 배려하기 위한 선심 정책이 아니다. 대한민국이 지속 가능한 국가로 살아남기 위한 생존 전략이고, 그 핵심 수단으로 광역 지방정부 간 행정통합을 추진하는 것이다.

해외 사례를 보더라도 강력한 광역 경쟁력을 확보한 지역들은 대부분 행정과 재정 권한이 통합된 단위다. 독일, 미국, 캐나다 주 정부들은 단순한 협의체가 아니라 하나의 의사결정 주체로 기능하고 있다. 산업 전략, 교통망, 인재 유치, 토지 이용, 국제협력까지 단일 권한과 책임 구조 속에서 움직이기 때문에 세계와 직접 경쟁할 수 있다. 결국 우리 현실에서 실질적인 '서울 5개'를 만들기 위해서는 행정통합이 이뤄져야 한다.

행정통합은 단순히 지도를 다시 그리는 일이 아니라 생활권과 경제권을 하나로 묶고 교통·산업·복지·안전·환경을 하나의 설계도로 만드는 전제조건이다. 출퇴근과 통학, 물류와 관광, 의료와 돌봄, 재난 대응과 치안까지 각자 따로 움직이던 체계를 하나의 광역 시스템으로 묶는 작업이다. 이 과정에서 행정 효율은 높아지고, 중복 투자는 줄어들며, 무엇보다 지역 전체의 협상력과 경쟁력이 비약적으로 강화된다.

전남·광주 통합 역시 같은 맥락이다. 이는 어느 한 지역의 흡수나 희생을 전제로 한 통합이 아니라, 호남 전체를 하나의 세계 경쟁 단위로 재편하기 위한 전략적 선택이다. '작은 지방정부들의 느슨한 연대'로는 세계와 경쟁할 수 없다. 하나의 의사결정 구조, 하나의 성장전략, 그리고 하나의 미래 비전이 있어야 세계로 나갈 수 있다.

코스피도 쌀값도
'특별한 대통령'

○

지난 1월 9일, 이 대통령과 시도지사, 전남국회의원들과 청와대 오찬을 겸한 간담회가 진행됐다. 마침 이 대통령이 나와 맞은편에 앉았다. 한 사람씩 돌아가면서 모두발언을 하는데, 시도지사의 발언이 나오고 내 순서가 되었을 때 나는 이렇게 말했다.

"대통령께서는 올해 코스피만 4천으로 올렸으면 보통 대통령인데, 올해는 쌀값과 농산물 가격을 올리고, 농어촌 기본소득까지 대응하는 대통령님을 보면서 전남도민들은 '정말 세상이 바뀌겠구나'하는 기대와 희망이 지역에 충만해 있습니다. 이번 시·도통합도 정말 도농이 함께 상생하는 지방 소멸을 극복하는 대안으로서 추진됐으면 좋겠다는 이야기를 했습니다."

그리고 이어서 나는 그렇게 되기 위해서는 첫째, 단순한 행정통합이 아니라 연방제 수준의 분권형 국가, 둘째 제주특별자치도에 걸맞은 중앙정부 권한의 이양을 요청했다. 제주특별자치도법에는 외교, 국방 사법 등 국가의 존립 사항을 제외한 모든 권한을 지방에 이전한다는 기본 정신이 명문화돼 있다. 그런 뜻에서 서울특별시의 지위와 위상을 갖되, 제주특별자치도에 준하는 자치권 이양이 필요하다. 때문에 미합중국의 주 정부 형태가 되었으면 좋겠다는 생각이었다. 실제 이 대통령은 행안부의 업무보고 때 지방자치단체를 '지방정부'라고 부르자고 제안했던 분이다. 행안부 장관이 현행 헌법에는 지방자치단체로 이렇게 되어 있기 때문에 지방정부라고 공식화하기는 어렵다고 하자 지방자치단체장들이 모인 자리에서는 지방정부라고 부르자는 제안을 했을 정도로 자치권 이양에 관심이 많은 분이다. 세 번째, 나는 도농통합시의 도시 행정과 농촌 행정이 통합되는 행정 기구이기 때문에 가급적이면 도농 간 균형 발전을 통합 특별법에 꼭 담았으면 좋겠다고 건의했다.

이날 간담회에서 나는 이 대통령이 시도 행정통합을 통해 낙후된 호남지역을 지원하고자 하는 강한 의지를 느낄 수 있었다. 국민주권정부 초기에 힘이 있을 때 추진돼야 대통령도 도와줄 수 있다는 간절함이 엿보였다. 전남과 광주로서는 절호의 기회라는 생각을 했다.

전남·광주 통합은 단순히 두 지역이 하나가 되는 행정구역 통합이 아니다. 대한민국 지방자치 역사에서 '연방제 수준의 자치'로 나아가는 최초의 실험이다. 전남·광주가 통합이 되면 인구는 320만 명, 면적 약 1만 2천㎢에 경제 규모는 150조 원 이상의 단일 광역 경제권을 구축하게 된다. 통합을 통해 분절적으로 운영되던 행정 시스템을 일원화하면, 생산 유발 효과는 약 10조 원, 부가가치 유발 효과는 3조 원 이상이 된다.

특히 정부가 추진 중인 AI·에너지·반도체 중심 산업재편 전략을 활용해서, 광주의 인공지능 집적단지와 전남의 신재생에너지, 국가산단, 해상풍력 인프라를 하나의 전략 축으로 묶을 수 있다는 점은 가장 큰 기대 요인으로 꼽힌다. 지금까지는 광주는 기술·인재, 전남은 부지·에너지라는 분절된 구조였다면, 통합은 이를 단일 투자 패키지로 바꾸는 계기가 될 수 있을 것이다. 또한 정부가 추진 중인 남부 반도체벨트가 반드시 호남권에 들어서도록 하는 것도 중요하다.

통합 지방정부는 RE100 기반의 미래 산업 생태계를 통해 청년들에게 질 좋은 일자리를 제공하고, AI와 재생에너지가 융합된 첨단 생태도시와 살기 좋은 농어촌이 공존하는 지방정부가 되어야 한다. 수도권에 버금가는 경제권을 만들어 자립적으로 세계적인 경쟁력을 갖추고 도민들의 삶의 질을 높이고 경제를 발전시키는 성장 엔진이 될 수 있다.

2026.01.09.
청와대에서 열린 이재명 대통령 주재 전남·광주 시·도지사, 국회의원들의 오찬 간담회. 이 자리에서 행정통합 추진 방향과 국가 지원 방안에 대해 논의했다. 개인적으로 이사를 마친 청와대에 들어서면서 여러 소회가 들었다. 문재인정부 농어업비서관으로 일하다가 2018년에 나왔으니 약 7년 만에 다시 가는 청와대 길이었다.

돌아온 광주 하나 된 전남

왜
'전남광주특별시'인가?

○

시·도지사와 광주·전남 국회의원들의 간담회 과정에서 통합지방
정부의 명칭을 정하는 문제로 몇 차례 진통을 겪었다. 합의를 이뤘
다가 뒤집어져서 자칫하면 결렬될 위기를 겪기도 여러 번이었다.

나는 처음부터 '전남 광주특별자치도'로 하자는 주장을 펴왔다.
역사성을 보면 너무 당연하다. 광주는 전남에서 떨어져 나갔다. 분
리되기 전에 '전라남도 광주시'였다. 그런데 이번에 다시 통합하기
로 했다. 그렇다면 당연히 광주가 전남에 포함되어야 한다. 혹자는
광주 정신이 중요하니 광주를 앞에 놓자고 한다. 하지만 1980년 5
월 광주는 '전라남도 광주시'였고, 광주 정신은 광주의 독점물도
아니다. 광주에서 항쟁에 참여한 영령과 유공자, 그리고 주먹밥을
나른 도민 중에는 광주 밖에 있는 도민들도 많았다.

2026.01.25.
김대중컨벤션센터에서 전남·광주 국회의원, 시·도지사가 모여 3차 점검
회를 가졌다.

포괄성 문제에서도 그렇다. 광주시의 자치구는 대단히 제한적인
자치권을 갖고 있다. 이에 반해 전남도의 시군은 광역자치단체와
자치권을 분담하거나 오히려 더 많은 자치권을 가지고 있다. 자치분
권 시대를 맞아 자치권은 앞으로도 더욱 확산해야 한다. 그런데 자
치권이 제한적인 시의 명칭을 사용하는 것은 맞지 않는다.

다루는 행정의 범위도 시군이 자치구보다 더 넓다. 무엇보다도
22개 시군이 있는 전라남도의 행정은 농어촌, 산업, 복지, 도시 등
매우 광범위하지만, 자치구는 복지와 도시 행정이 중심이다. 특별
자치시로 명칭을 정할 경우, 도시 행정의 논리가 농촌·해양·수산·1
차산업의 논리를 덮어버리는 쏠림 현상이 발생할 수 있다.

돌아온 광주 하나 된 전남

지향성에서도 그렇다. 명칭은 또한 도시의 미래를 내다보고 정해야 한다. 과도한 중앙 집중을 지방 분산으로 전환하기 위해 광역자치단체의 행정통합을 추진하고 있다. 그렇다면 전남·광주도 광주 집중을 분산하고 균형발전을 추진해야 한다. 도시 집중을 의미하는 명칭이 아니라 쏠림을 제도적으로 막기 위한, 그런 지향을 나타내는 명칭이 필요하다. 우리는 광주시로 집중하기 위해 통합을 하는 것이 아니라 전남 전역을 골고루 발전시키기 위해 통합을 한다는 것을 잊지 말아야 할 것이다.

영역성 면에서도 마찬가지다. 명칭은 듣는 순간 영토와 영역을 헤아릴 수 있어야 한다. 광주는 하나의 도시지만, '전남광주특별자치도'는 22개 시군에 광주시까지 모두 23개 시군을 포괄하는 통합 지방정부가 될 것이기 때문이다. 나는 이런 이유로 지난 1월15일 전남·광주 시도지사와 국회의원들이 모인 자리에서 "광주전남특별시를 명명하게 된 계기와 취지에 대해 전혀 동의할 수 없다"고 강조했다.

하지만 이런 내 주장은 다시 난관에 부딪쳤다. 광주시장과 전남도지사가 '특별시'라는 이름으로 합의했기 때문에 이것을 바꾸는 것은 실제적으로 매우 어려웠다. 그래서 나는 지방자치법 개정 과정에서 '특별시'라고 하는 이 명칭이 특별자치도가 품어야 될 복합행정, 광역 행정을 수행할 수 있도록 명기하도록 하자는 타협안을 도출해냈다.

명칭에 대한 논의가 끝나자 이제 특별시 이름을 어떻게 할 것인가 하는 것에 모아졌다. 강기정 광주시장은 광주 중심의 통합을 내세우면서 광주를 앞에 명기하는 '광주전남통합시' 명칭을 주장했다. 특별법에도 5.18 광주 정신을 명기하자는 의견을 냈다. 나는 그 문제에 대해 생각이 달랐다. '광주 정신'을 통합 지방정부의 정체성, 통합의 대표 브랜드로 내세워야 한다고 주장하는 것은 마치 광주가 통합의 중심이자 상징이 되어야 한다는 인식이다. 나는 이 주장에 동의할 수 없다.

　　그 이유는 분명하다. 5월 광주는 광주라는 하나의 도시에서 고립적으로 생성된 정신이 아니기 때문이다. 5월 광주는 호남 전역에 축적되어 온 의병의 정신, 독립운동의 정신, 그리고 동학농민운동의 인내천 사상이라는 유산이 응축되어 광주에서 폭발한 역사적 결과물이다.

　　통합 지방정부의 정신적 뿌리는 '광주 정신'이 아니라, 광주 정신을 포함하는 '호남 정신'이 되어야 한다. 통합의 브랜드를 광주 정신 하나로만 밀어붙이는 방식은 통합의 폭을 스스로 좁히는 선택이다.

　　광주 정신을 약화하자는 뜻이 아니다. 오히려 더 크게 만들기 위한 제안이다. 광주를 호남의 역사와 분리된 상징으로 세우는 순간, 광주 정신은 축소된다. 반대로 광주민주화운동, 나주 학생운동, 암태도 소작쟁의를 하나로 꿰는 호남 정신 속에 광주를 위치시킬 때,

광주는 더 크고 더 깊은 역사적 상징이 될 것이다. 전남·광주 통합 지방정부가 내세워야 할 정신은 바로 이것이다. 호남의 역사와 공동체가 축적해 온 민주·자치·평등·자주의 정신, 그 위에 서서 미래로 나아가는 통합을 추진해야 한다.

시도민들 입장에서 보자. 광주는 애초 전남이 키운 도시다. 전남이 살아야 광주도 산다. 광주와 전남은 하나 됐을 때 가장 온전히 주민들의 복지와 생활이 실현되는 것이고, 지역경제와 지역의 어떤 공동체가 살아나는 것이다. 광주전남공동혁신도시 사례만 봐도 그렇다. 나주에 들어선 혁신도시 공공기관 임직원들의 소비 형태를 들여다본다면 법인카드의 80% 이상을 광주지역에서 사용할 것으로 추정한다. 나주에서 사용하는 액수는 10%도 되지 않을 것이다. 광주 효천지구, 상무지구, 봉선지구에 공공기관 임직원들이 70%가 거주하고 있는 실정이다. 나머지 30%는 나주혁신도시에 거주한다. 광주시내에 들어설 공공기관을 광주 인근 경계선에 두어서 전남광주 공동의 이익으로 키워내는 것이 공동혁신도시의 정신이다. 공동혁신도시를 발전시키면 그 80% 성과는 광주로 가는 것이 현실 아닌가 말이다.

나는 이런 사례들 들어 도농복합 정신, 자치분권과 균형발전이라는 가치를 담는 의미에서 전남광주특별시여야 한다고 강조했다. 자치단체의 크기나 면적, 인구, 지리, 역사성 등 모든 면에서 '전남광주특별시'는 광주전남특별시보다 두 자치단체를 전체적으로 끌어안는 의미가 있다. 도시 행정과 농촌 행정을 동시에 수행해야 될 복합행정기구로서도 적합한 이름이라고 봤다. 결국 타협안으로 약칭으로 '광주특별시'라고 하자는 절충안이 대두됐다. 몇 차례 의원들 간에 고성이 오가고, 협의가 결렬될 뻔한 위기의 순간도 있었지만 절호의 기회를 놓치지 않아야 한다는 대승적 결단으로 전남광주특별시(약칭 광주특별시)라는 명칭이 정해졌다.

돌아온 광주 하나 된 전남

5조 원만 받으면
모든 것이 해결되나?

○

　정부는 2026년 1월16일 김민석 총리의 기자회견을 통해 행정통합을 성공적으로 추진하고, 통합이 곧 지방의 성장으로 이어질 수 있도록 지역 주민이 체감할 수 있는 네 가지 분야에 대한 지원 구상을 제시했다. 재정지원, 통합 지방정부의 위상 강화, 공공기관 이전 우대, 산업 활성화 지원이 그것이다.

　우선 재정지원으로 통합 지방정부에 각각 연간 최대 5조 원, 4년간 최대 20조 원 수준의 파격적인 재정지원을 약속했다. 그리고 통합하는 지방정부에는 서울시에 준하는 지위를 부여한다. 부단체장 수를 4명으로 확대하고 직급도 차관급으로 상향하겠다는 내용도 포함되어 있다. 또한 공공기관 이전에 있어 통합 지방정부를 적극 우대한다.

공공기관 이전은 지역 내 양질의 공공일자리 창출을 통해 청년 인구 유출을 방지하고, 교육·의료·교통 등 각종 생활 인프라를 구축해서 생활 여건이 개선되는 계기가 될 것이다. 마지막으로 '창업 중심 도시'가 될 수 있도록 적극 지원한다. 투자진흥지구, 문화산업진흥지구를 비롯한 각종 지구에 대한 지원도 강화하겠다는 내용도 포함되어 있다.

하지만 여기서 반드시 짚어야 할 것이 있다. 그것은 정부의 의지와 지원은 어디까지나 '필요조건'일 뿐이라는 점이다. 통합이 성공하느냐 실패하느냐는 결국 통합 주체인 전남·광주가 어떤 선택을 하느냐, 그리고 어떤 권한을 실제로 넘겨받아 어떻게 활용할 것이냐에 달려 있다.

중앙정부에 뭘 줄 것인가도 물어야 하겠지만, 우리 스스로 우리는 무엇을 할 것인지 물어야 한다. 전남·광주 통합이 성공하려면 중앙에서 받아야 할 권한이 무엇인가? 어떻게 해야 전남·광주는 한국의 캘리포니아가 될 수 있을 것인가? 그리고 통합 과정에서 지역의 정체성과 내부 균형은 어떻게 지켜낼 것인가?

첫째, 통합은 분권과 동행해야 한다. 단순히 조직을 키우고 예산을 조금 더 받는 정도로는 '한국형 캘리포니아'는커녕, 좀 더 큰 광역자치단체에 그칠 가능성이 크다. 나는 최소 세 가지 권한은 명확히 이양해야 한다고 본다. 우선 재정 자율권이다. 단순 교부금 확대가 아니라, 지역 차원의 중장기 투자 결정을 스스로 할 수 있는 권한이 필요하다. 특정 산업에 집중적으로 투자할지, 인재 양성에 우선 배분할지, 사회 인프라에 쓸지에 대해 중앙의 사전 승인 없이 결정할 수 있는 재정 구조가 마련되어야 한다.

또한 산업·입지·규제에 대한 실질적 결정권이 넘어와야 한다. 어떤 산업을 전략 산업으로 삼을지, 어디에 배치할지, 어떤 규제를 완화하거나 유지할지는 지역이 가장 잘 안다. 중앙부처 단위의 획일적 기준을 그대로 적용하는 한 지역 특화 산업은 자라기 어렵다. 인재와 조직 운영에 대한 자율권이 필요하다. 공무원 인사뿐 아니라, 공공기관, 연구기관, 산학연 조직을 지역 전략에 맞게 재편할 수 있는 권한이 있어야 한다. 사람을 못 바꾸고, 조직을 못 바꾸면 정책도 바뀌지 않는다.

둘째, 전남·광주는 어떻게 해야 '한국의 캘리포니아'가 될 수 있을까? '한국의 캘리포니아'란 단순히 경제 규모가 크다는 뜻이 아니다. 자기만의 산업 전략과 인구 전략, 공간 전략을 갖춘 독립적인 경쟁 단위를 만들어야 한다는 뜻이다. 전남·광주의 잠재력은 이미 분명하다. 에너지, AI, 농생명, 첨단 제조, 문화콘텐츠, 그리고 넓은 해양 공간은 다른 지역이 쉽게 흉내 낼 수 없는 자산이다. 문제는 이것들이 각자 흩어져 있다는 점이다. 이 문제를 해결해야 한다.

이를 위해서는 산업 전략의 명확한 분업과 연결이 필요하다. 광주는 AI·연구·기술·콘텐츠·인재의 중심으로, 전남은 에너지·농생명·해양·실증과 대규모 공간의 중심으로 역할을 구분하되, 이를 하나의 가치사슬로 연결해야 한다. 경쟁이 아니라 상호 의존 구조를 만드는 것이 핵심이다. 그리고 인구 전략의 전환이 필요하다. 단순한 인구 유치가 아니라, 어떤 사람이 와서 어떤 삶을 살게 할 것인가를 먼저 정해야 한다. 청년, 연구자, 창업가, 귀농·귀촌 인구가 각기 다른 지역에서 각자의 방식으로 생산 활동을 하면서 정착할 수 있는 구조를 만들어야 한다.

또한 공간 전략의 재설계가 필요하다. 모든 기능을 한 곳에 집중하는 방식은 이미 실패했다. 통합 지방정부는 다핵 구조의 네트워크 도시로 설계되어야 하며, 교통·디지털 인프라를 통해 하나의 생활경제권으로 작동하도록 만들어야 한다. 이런 일들이 가능할 때 전남·광주는 '서울을 닮은 지역'이 아니라, 서울이 가질 수 없는 경쟁력이 있는 지역이 될 수 있다.

셋째, 통합 이후에도 지역의 정체성과 내부 균형을 지켜서 소외되는 지역이 없도록 해야 한다. 행정통합은 성장의 논리만 내세울 때 실패로 돌아갈 수 있다. 이렇게 하면 지역의 역사와 정체성, 내부 균형은 쉽게 훼손된다. 통합은 흡수나 종속이 아니라, 연합과 연대의 원칙이 중요하다.

이를 위해서는 권한의 분산과 내부 균형 장치가 필요하다. 통합 지방정부 안에서도 주요 기능과 기관은 의도적으로 분산 배치되어야 한다. 이는 효율성의 문제가 아니라, 신뢰의 문제다. 지역 정체성을 존중해야 한다. 행정구역이 바뀌어도 생활 공동체의 역사와 문

돌아온 광주 하나 된 전남

화는 존중받아야 하며, 이를 보장하는 제도적 장치가 필요하다.

또한 갈등을 관리하는 정치력이 뒷받침되어야 한다. 통합 이후에도 갈등은 필연적이다. 중요한 것은 갈등을 없애는 것이 아니라, 공개적으로 조정하고 해결하는 구조를 만드는 것이다. 이것이 성숙한 통합이다.

정부의 지원은 시작일 뿐이다. 통합하면 돈도 주고, 기관도 옮기고, 기업도 내려오게 돕겠다고 하지만 그것만으로 전남·광주가 또 하나의 '서울'이 될 수는 없다. 중앙은 정답을 찾아가는 실마리만 제시해 줄 뿐이다. 이제 정답은 전남·광주가 찾아가야 한다.

2026.01.14.

남도일보가 주최한 '광주·전남 대전환, 행정통합을 말한다' 긴급 토론회와 '새로운광주포럼'이 주최한 타운홀 미팅에 참여. 전남·광주 통합으로 도시와 농촌이 함께 성장하는 도농통합형 자치정부를 만들어야 한다고 말씀드렸다. 대부분의 시민단체와 활동가분들께서도 시·도통합의 당위성에 대해 공감해 주셨다.

돌아온 광주 하나 된 전남

2026.01.21.

중부권역 전남·광주 통합 특별법 순회 공청회를 한국에너지공대 (KENTECH) 대강당에서 가졌다.

버스가 서지 않는
버스정류장?

○

광주와 전남이 갈라선 40년 세월 동안, 나는 지역의 시민사회와 지방의회를 중심으로 '분리'를 반대하고 '통합'을 계속 주장했다. 누가 나한테 "왜 통합을 해야 하냐?"고 물으면 나는 이렇게 대답했다. "전남·광주는 원래 전남이었다. 분리가 잘못된 것이다. 그러니 통합해야 한다."

하지만 '분리'는 시간이 지날수록 '낭비'와 '불편'으로 돌아왔다. 전남과 광주는 교통·통신·문화가 촘촘히 연결되면서 이미 하나의 생활경제권으로 움직이고 있다. 모든 전남도민이 광주를 중심으로 교육, 의료, 복지, 문화, 쇼핑, 예식장과 영화관까지 공유하고 있다. 그런데 행정은 벽을 치고 모르는 척을 했다. 결과는 불편했고 낭비도 많았다. 일 년 365일 전남과 광주는 하나다. 전남이 살아야 광주가 살고 광주가 살아야 전남이 사는데, 전남은 전남대로, 광주는 광주대로 각자 살겠다고 나서면서 상생과 연대의 경험을 쌓지 못했다.

교통은 같은 생활권인데도 환승이 끊겨 다시 돌아가거나 자가용을 이용할 수밖에 없는 상황도 있다. 예를 들어 광주 밖에 있는 도민들이 광주에 들어가서 활동하는 데 필요한 대중 교통수단이 거의 없다. 장성군 진원면에 사는 주민들은 광주 생활권인데, 직접 광주에 들어가는 교통수단이 없다. 그래서 광주 버스인 173번, 175번 버스를 진원면까지 운행하게 해달라는 민원을 줄기차게 제기했지만 적자 노선이라는 이유로 오지 않는다. 빛가람 혁신도시에 근무하는 분들도 마찬가지다. 광주 버스가 빛가람까지 좀 왔으면 좋겠다는 의견을 냈지만 마찬가지 이유로 거절했다. 전남과 광주가 벽을 허물고 적자 노선을 공유하고 함께 풀어가면 될 텐데, 기존 업자들의 기득권에 막혀있는 것이다.

교통 문제의 불편은 이뿐만이 아니다. 나주교통 160번 시외버스가 광주로 나주시민들을 실어 나르는데, 광주 시내 구간에서는 승강장마다 정차할 수 없도록 광주버스회사와 협약이 돼 있어서 승강장에 다 멈추지 못하고 5~6개, 심지어 10개 승강장 중에 하나씩을 쓰고 있는 상황이다. 종점에 내려 다시 버스를 타고 이미 지나온 정류장에 가야 하는 상황도 생긴다. 이런 불편함 때문에 형편이 여의치 않은 이들도 어쩔 수 없이 자가용을 구입하게 되고, 교통체증과 주차장 비용 증가, 도로 유지비용과 사회적 비용, 가계비용 증가로 이어져 지역경제에 어려움을 주는 것이다.

2025.12.01.
광주인근 장성군 면민과의 간담회 후 단체사진 촬영을 했다.

교육 문제도 심각했다. 광주가 분리되기 전에는 광주 인근에서 초·중학교를 다녔던 사람들이 광주에 있는 고등학교를 얼마든지 선택할 수 있었다. 그런데 광주가 분리되면서 전남에 있는 학생들은 전라북도에 있는 전주상산고는 선택할 수 있어도 광주에 있는 고등학교에는 진학할 수 없다. 이런 이상한 일을 우리가 지금까지 반복하고 있다. 부모가 광주로 이주해야 광주에 있는 학교를 선택할 수 있는 것이다.

정말 기가 막힌 일이다. 이러니까 전남에 남아 있지 않고 학생과

부모들이 광주로, 수도권으로 떠나는 것 아니겠는가? 전남에 부모가 살고 광주에 있는 학교에 다닐 수 있도록 하는 일이 그렇게 어려운 일일까? 교육청, 전남도청, 지역정치인 누구도 이런 문제를 주민 관점에서 생각하지 않는다는 것이 나는 더 안타깝다. 사실 이런 문제는 지방자치가 본격화되면서 더욱 심각해졌다. 행정 구역별로 '우리 동네 사람들만 챙기면 된다'는 지역 이기주의가 지방자치를 실시한 뒤로 더욱 강해졌기 때문이다.

나는 나주·화순이 지역구다. 나주시청 공무원의 약 70%가 광주에서 출퇴근한다. 광주에 주소를 둔 '광주 사람'이다. 이 공무원들 월급은 나주 시민의 세금으로 지급한다. 그런데 소비는 광주에서 하고, 세금도 광주에 낸다. 경찰서 공무원은 약 80%, 교육지원청 공무원은 약 90%가 그렇고, 농협 직원도 별로 다르지 않다. 나주 산업단지에 있는 기업주의 10명 중 9명 정도도 광주 사람들이다.

광주 지역사회와 광주 출신 정치인들은 전남에 대해 정말 고맙게 생각해야 한다. 원래대로 광주가 전남에 통합이 되어야 광주가 발전한다는 인식을 확고히 해야 한다. '아! 서로 협력하고 소통해야 살아날 수 있구나'하는 생각을 가져야 한다. 그런데 안 그런 것 같아 매우 유감이다. 데이터센터가 해남으로 갔다고 광주시장이 눈물 펑펑 쏟고, 광주로 뭐 하나 가면 또 전남이 뺏겼다고 막 아우성을 치고, 이런 수준을 이제 벗어나야 한다.

전남·광주를 하나로,
1시간대의 광역 교통

◯

 전남과 광주가 통합되면 가장 먼저 해야 할 일이 교통 통합이다. 광주를 위해서도 전남을 위해서도 하나의 교통 시스템을 만들기 위해 긴급하게 대중교통 중심으로 새롭게 설계해야 한다. 각자 자가용만 이용한다면 공동체가 살아나기 어렵다. 같이 교통수단을 이용하면서 인사를 나누는 것이 도시공동체를 살리기 위한 기본 정책이다. 무엇보다 먼저 광주·전남의 단절된 교통부터 이어야 한다.

 우선 광역교통 단일요금제를 도입해야 한다. 광주·전남의 어디에서 어디로 가든 광역 시외버스는 모두 똑같은 요금을 내는 체계를 도입하는 사업이다. 일종의 사회적 요금제다. 도심에서 멀리 떨어진 곳에 사는 사람은 대체로 소득도 적고 이동에 시간은 많이 걸리고 요금은 더 많이 내야 한다. 불평등과 양극화를 심화하는 구조다. 이걸 바꾸자는 것이다.

교통망은 이동 편의를 위한 것만은 아니다. 교통은 산업 전환의 속도와 관련이 있다. 인구 정책의 기반이며, 무엇보다 전남의 동부권과 서부권을 하나의 경제권, 전남과 광주를 하나의 생활권으로 묶는 시도 행정통합의 핵심 기반이기도 하다. 교통은 '멀어서 불리한 지역'이 아니라, '가까워서 강해지는 지역'을 만들기 위한 수단으로 설계해야 한다.

전남은 넓은 땅을 가지고 있지만, 이동의 자유는 매우 불평등한 곳이다. 전남 전체 인구의 약 절반이 고령자이거나 교통취약지역에 살고 있고, 농어촌·도서 지역을 중심으로 버스가 아예 다니지 않는 마을도 472곳, 전체의 5.3%나 된다. 이동이 막히면 병원도, 학교도, 시장도 멀어진다. 이동 격차는 곧 삶의 격차이자 지역을 떠나는 이유이고 지역소멸의 가속기 역할을 한다.

나는 교통을 이동의 문제가 아니라 권리의 문제, 더 정확히는 도민의 존엄을 지키는 기본권 문제라고 생각한다. 그래서 전남 교통 정책의 기본 방향은 '부담 없이 타는 교통', '먼 곳에 살아도 비용이 똑같은 교통'이 되어야 한다.

전남의 광역교통은 개별 시·군이 해결할 수 있는 문제가 아니다. 나주에서 광주로, 화순에서 광주로, 장성·담양에서 광주로 출퇴근하고 통학하고 병원을 다녀오는 이동이 이미 일상이다. 광주는 전남의 생활권이고, 전남은 광주와 하나의 생활경제권이다.

그런데 지금의 교통체계는 이 현실을 전혀 따라가지 못한다. 시·군 경계를 넘는 순간 요금이 달라지고, 노선은 끊기고, 환승은 불편해진다. 이 구조에서는 청년은 떠나고, 고령자는 고립된다. 실제로 전남 청년 10명 중 7명은 '이동 불편'을 지역 이탈 요인으로 꼽고 있다. 또 고령자 10명 중 3명은 한 달에 한 번도 읍내에 나가지 못한다는 조사 결과도 나와 있다. 교통이 어르신들의 고립을 재생산하는 것이다.

광주-전남을 하나의 교통권, 단일한 요금으로 묶는 결단이 필요하다. 어디에서 출발하든지 매우 저렴한 동일 요금을 내는 광역 대중교통 체계 구축에 전남과 광주가 바로 머리를 맞대고 해법을 찾아야 한다.

나는 전남 어디에 살든, 광주·목포·순천·여수를 비롯한 전남·광주권 어디를 가더라도 1시간 이내에 이동할 수 있는 교통체계를 구축하고 요금은 이동 거리와 시간에 상관없이 같을 요금을 받는 '광주-전남 광역 시외버스 단일요금제'를 설계할 계획이다.

이는 단순한 요금 인하 정책이 아니다. 전남·광주를 하나의 노동시장, 하나의 교육권, 하나의 의료권으로 만드는 대대적인 구조 개혁이 될 것이다. 광주 AI·첨단산업단지로 출퇴근하는 전남 청년, 광주 상급병원으로 급히 가야 하는 농어촌 고령자, 순천·여수 산업단지로 이동하는 근로자, 모두가 요금 걱정 없이, 내렸다가 기다리는 시간 없이 바로 이동할 수 있도록 할 것이다. 그래야 전남은 사람을 붙잡을 수 있고, 전남과 광주는 하나의 경제권으로 성장해서 서울·부산과 어깨를 나란히 할 수 있을 것이다.

전남에 무료 시내버스 체계를 도입하자

○

실제 여러 지방정부가 이미 대중교통 무료 정책을 펼치고 있다. 이미 신안군은 전체 시내버스를 공영화했다. 45억 원 이상을 들여 버스업체의 적자를 보전해 주다가 전면 공영화와 무료화로 바꾼 것이다. 공영화 이후 적자가 절반 이상으로 줄었고 재정도 절감했다.

경북 청송군은 2023년 1월부터 연간 3억 5천만 원을 투입, 시내버스 무료 정책을 도입했는데, 주민은 물론 외지인들도 버스를 무료로 이용할 수 있도록 하고 있다. 무료화 이후 버스 이용률은 20~25% 증가했고, 자가용 이용 억제로 온실가스 배출도 줄였다.

이미 '시내버스 요금 전면 무료화'를 시행하고 있는 자치단체는 전남 완도·진도·영암, 경북 청송·봉화·문경·상주·의성·울진, 충북 진천·음성·보은, 강원 양구·정선, 경남 산청 등 15곳으로 파악되고 있고, 경북 예천과 충북 단양 등 5~6개 자치단체는 도입을 검토하고 있다. '무상 버스' 제공 도시는 앞으로 계속 늘어날 것이다. '기후위기'와 '교통복지'라는 두 마리 토끼를 잡기 위한 기초 지방정부의 노력에 광역 지방정부가 답을 해야 할 때다.

무상 버스도 포퓰리즘이라고 공격하는 사람들이 더러 있다. 하지만 그렇지 않다. 공영제로 바꿔 지방정부가 직영하고 자가용 이용을 줄여서 도로 확장과 주차장 확보에 들어가는 비용을 줄이면 오히려 재정이 절감되는 설계를 할 수 있다. 문제는 돈이 아니라 쪼개진 예산, 비효율적인 구조에 있다. '현대솔루션' 보고서를 보면, 전남은 농어촌버스의 좌석 이용률이 20% 미만인 구간이 많고, 요금 징수·정산·관리 비용이 전체 운영비의 10~15%나 된다. 요금을 받는 것보다 차라리 무료로 운영하는 것이 더 효율적인 지역이 많다는 말이다.

물론 처음부터 모든 지역을 무료로 하기는 쉽지 않을 것이다. 시범사업도 필요하고 냉정한 평가도 필요하다. 단계별로 확산하는 전략이 좋다. 교통이 취약한 도서·산간과 소멸위험지역은 완전공영제 전환을 통해 주민·외지인 모두 전면 무료를 도입하고, 도시·광역 연계 지역은 통합패스와 단일요금을 도입하거나 단계적으로 18세 이하와 65세 이상부터 무료 교통을 도입하는 방식, 즉 교통취약도에 따라 차등 설계된 무상·감면 교통체계를 도입해야 한다.

버스 운수사업자에게 주는 재정지원금은 시민의 세금이다. 단순

적자 보전이 아니라 공공서비스의 질 향상과 지속 가능한 대중교통 체계 구축을 위해 쓰여야 마땅하다. 재정지원 제도를 전면적으로 재설계하고, 시민 편의와 기후위기 대응, 지역경제 활성화까지 효과를 낼 수 있는 '전남형 대중교통 혁신 정책'을 만들어야 한다.

하지만 교통혁명이 단일요금제나 무료 시내버스에 그치면 안 된다. 시내버스와 광역버스만 해결한다고 교통복지가 실현되는 게 아니다. 모두 연결해야 하고, 또 이용이 편리해야 한다. 지하철에서 내렸는데, 버스를 30분 기다려야 한다거나, 시외버스 터미널에서 내려 시내버스가 1시간 있다가 연결된다면 아무리 무료 교통을 제공해도 소용이 없을 것이다. 기차에서 내리면 바로 버스를 타고, 버스에서 내리면 바로 자전거를 탈 수 있는 연결시스템을 설계해야 한다. 그러기 위해 가장 중요한 것이 수요응답형 버스(DRT)를 도입하는 것이다.

나는 노선버스, 수요응답형 버스, 택시까지 하나로 묶는 통합 연결 모빌리티(MaaS)를 구상하고 있다. DRT는 AI 기반 수요 예측으로 노선을 고정하지 않고 승객이 원하는 시간에 원하는 장소에서 태워서 모셔다드리는 교통을 말한다. 광역 시외버스 정류장과 마을, 그리고 교통 요지를 연결하는 교통으로 적합하다. 이미 전국적으로 DRT를 도입한 곳이 여럿 있다. 이 체계가 도입되면 가장 이해관계가 대립하는 것이 택시업계다. 이 문제도 지혜롭게 해결할 수 있다. 이미 나주의 '100원 택시'로 시작되어 전국으로 확산한 택시

돌아온 광주 하나 된 전남

서비스를 이 통합교통 체계에 편입하면 된다. 장애인, 노인 등 교통약자와 수요응답형 버스도 담당하기 어려운 지역은 택시가 대중교통을 담당하게 하면 된다. 택시를 이제 '공공 대중교통 서비스의 파트너'로 전환하는 것이다.

그리고 새로운 제도를 정착시키려면 가장 중요한 것이 데이터다. 실제 어떤 효과가 있는지 면밀히 검토해서 확산 여부를 결정하고 개선할 부분을 찾아내야 한다. 나는 '신정훈 교통혁명'의 성과지표를 데이터로 철저히 관리할 계획이다. 가장 중요한 목표는 탄소중립과 이동시간이다. 성과지표를 정교하게 설계해야 하겠지만, 우선 온실가스 배출 저감율, 주차장·도로 공사비 절감 정도, 개인별 이동시간 단축, 여가시간 증가, 공동체 활동 참여 증가율이 성과지표가 되어야 하지 않나 생각한다.

이 중 '공동체 활동 참여 증가율'이 좀 뜬금없을 수 있다. 하지만 자가용을 타지 않고 버스를 이용하면 이웃과 접촉이 늘어 지역공동체가 따뜻해지는 부수적인 효과도 있다. 교통혁명이 가져올 중요한 변화가 아닐 수 없다. 이런 지표를 만들어 관리해야 따뜻했던 전남 마을이 다시 살아날 수 있을 것이다.

　　　　　　　　　　　　　　　나주시장 재임당시
전국적으로 시행되고 있는 100원택시 제도는 2009년 나
주시 마을택시에서 시작했다. 택시에 대한 법적 근거도
없던 시절에 마을택시 정책을 만들기 위해 나주시의 공
무원들과 몸부림쳤던 그때의 기억이 지금도 생생하다.

전남·광주통합은
이재명정부 성패 좌우할 최전선

○

　나는 3선 국회의원이긴 하지만 보궐선거로 들어왔기에 여의도정
치 언어로 정확히 말하면 2.5선이 된다. 19대 국회 때 들어왔다가
20대 때 낙선하고, 21대와 22대에 연이어 국회의원이 됐기에 나는
민주당 내에서 그리 발언권이 크게 실릴 위치는 아니었다.

　그런데 2024년 3선 국회의원이 된 내게 당 대표였던 이재명 대
통령은 참으로 중요한 기회를 주었다. '참좋은지방정부위원회'라는
중요한 당직을 맡게 된 것이다. 참좋은지방정부위원회는 지방 정부
의 수장인 도지사, 시장군수, 시도 의원, 시군 의원까지 망라해 민
주당의 손발 노릇을 하는 지방 일꾼들을 관리하는 조직이다. 그 전
까지는 정원오 서울 성동구청장과 양승조 전 충남지사가 공동으로
맡아왔는데, 이번에는 단독으로 내게 위원장 자리를 맡긴 것이다.

지방의 문제, 지방자치와 분권에 대한 이 대표의 기대가 얼마나 큰지 내심 부담스러울 정도였다. 여기에 22대 국회 전반기 행정안전위원장까지 맡았으니 참으로 눈코 뜰 새 없이 바쁜 나날을 보내야했다.

윤석열의 돌발적인 12.3 내란 사태로 실질적으로는 참좋은정부위원회 위원장 당직은 5개월여 활동하는데 그쳤지만 위원회 모임때마다 이 대표가 지대한 관심을 보였기에 책임자인 나로서는 정책의 진행사항과 어려움들을 챙기고 행사를 할 때도 모든 것들을 치밀하게 준비해야 했다. 당시 이 대표는 5분 정도 잠깐 축사를 해주고 자리를 옮기는 것으로 예정했다가도 흥미를 가지는 주제가 나오면 1~2시간씩 행사장에 머무르는 일이 3차례나 있었다. 그만큼 민주당의 기간 조직으로서 지방자치단체장들이 역할을 잘해야 된다고 생각했던 것 같다.

'일 잘하는 지방정부 수장'으로 지역의 현장에서 살림살이를 했던 이 대통령 입장에서 보면 사실 명분과 당리당략에 치중하는 '여의도정치'는 굉장히 공허했을 것이라는 생각이다. 중앙정치가 정책과 예산을 다루지만 그 결정된 사항을 실효성 있게 국민들에게 전달해 완성시키는 것은 결국 지방자치의 몫이다. 정부 정책의 성과는 결국 현장에서 집행하는 지방자치단체에 성패가 달려있는 셈이다. 그런 점에서 나는 지금은 중앙정부와 지방정부의 대화가 국가자치분권회의라는 형태로 진행되고 있지만 6월 지방선거가 끝나면

이 대통령이 애초 공언한 것처럼 제2의 국무회의를 시행할 것으로 기대한다. 제2의 국무회의를 통해 지방정부와의 상시적인 토론과 정책협의가 이루어질 것으로 예상한다. 이재명정부는 집권 후반부로 갈수록 정책의 성과를 보여줘야 하기 때문이다.

그런 점에서 이재명의 철학과 이재명의 정치를 강력하게 실천해 낼 사람들은 결국 민주당 출신의 국회의원들이 많은 전남과 광주가 될 수밖에 없다고 본다. 민주당의 일꾼으로 가득 찬 광주전남과 전북은 이재명정부의 성패를 좌우할 최전선에 서 있는 셈이다.

2025.01.15.
윤석열이 대한민국 헌정사 최초로 현직 대통령 신분으로 체포되던 날, 이재명 당대표는 민주당 소속 지방정부 단체장과 간담회를 가졌다.

이제 시·도통합은 이제 전남광주의 생존 전략이면서 국가의 발전 전략이 됐다.

민주당의 생존 전략이면서 이재명 정부의 성공 전략이기도 하다.

실제 이재명 대통령은 2026년 1월21일 신년사에서 "현재 추진 중인 광주·전남의 광역 통합은 '지방 주도 성장'의 상징적 출발점이자, 반드시 성공시켜야 할 국가 생존 전략이다"고 말했다.

　전남광주의 지방자치는 전남의 지방자치의 성과로 끝나지 않고 이재명 정부의 성패에도 직결된다. 전남광주 지방자치의 성패는 광주전남 민심을 좌우할 것이고, 다음 정권창출에도 기여할 뿐만 아니라 이재명 정부의 성과를 실적으로 증명할 수 있는 지역이 될 것이다. 그런 역사적인 사명을 가지고 가는 시·도통합 정책을 더 완전하게 이끌어가는 것은 우리의 몫이다.

2025.03.04.
국회 의원회관에서 열린 참좋은지방정부위원회 출범식. 폭설과 추위로 유난히 더 추운 날이었지만 이날 출범식은 뜨거운 열기로 '지방정치 혁신'이라는 한목소리를 냈다.

한국판
트라이앵글 스테이트를 만들자

○

수도권 집중과 지방소멸은 지방의 위기일 뿐만 아니라 대한민국 전체를 위험으로 내몰고 있는 망국병이다. 그런 의미에서 전남과 광주의 통합은 반드시 성공해 지속가능한 대한민국을 향한 위대한 첫걸음이 되어야 한다.

장차 수도권과 경쟁할 수 있는 전남광주특별시가 되기 위해서는 이번 통합이 행정구역을 하나로 묶는 행정통합에 그쳐서는 안 된다. 전남 서남권과 광주권, 전남 동부권이 특색 있게 발전하면서도 유기적으로 협력하는 분권형 특별시로서 전국 통합시의 모범을 보여주어야 한다.

그런 의미에서 전남 서남권, 광주권, 전남 동부권이 각각의 역할을 맡는 한국판 '리서치 트라이앵글 스테이트(Research Triangle

State)'모델을 제안한다.

'리서치 트라이앵글'은 미국 노스캐롤라이나주의 주도(州都)인 랠리와 그 인근 도시인 더햄, 채플힐 등 거점도시 3개를 잇는 삼각형 지역을 말한다. 거기에는 노스캐롤라이나주립대학, 듀크대학, 노스캐롤라이나대학이 각각 자리 잡고 있다. 과거 농업이 주요 산업이었던 노스캐롤라이나주는 2차대전이 끝난 1950년대 중반 미래산업으로의 구조 전환에 시동을 걸었다. 주 당국은 이들 3개 대학과 도시의 인적자원, 기술개발에 주의 장래를 걸고 과감한 변화와 투자를 단행했다. 그때부터 이 3개 도시를 잇는 트라이앵글 지역은 '성장과 변신의 엔진'이 되었다.

한국판 리서치 트라이앵글 스테이트 제안은 우리가 광주와 전남이라는 시·도 경쟁, 전남 안에서도 동부와 서부를 구분하는 낡은 사고의 틀을 깨고, 권역별 특성에 맞춘 기능 분담을 통해 지방소멸 위기를 극복하자는 구상이다. 이는 전남광주통합시청사를 새로 짓지 않고 기존의 전남 청사, 광주 청사, 동부 청사를 특색 있는 거점으로 활용하는 방법이자 전남대와 목포대, 순천대 등 주요 거점대학들의 인적자원과 연구개발(R&D) 능력을 최대한 활용하는 방안이기도 하다.

그 구상은 첫째, 전남 서남권은 전남광주특별시의 행정 중심축으로 육성한다. 도시와 농촌이 함께 잘사는 통합, 어느 지역도 소외당하지 않는 도농통합의 정신을 실천하는 의미에서 광주전남특별시의 주 소재지는 전남이 되어야 한다. 오랜 기간 낙후와 소멸의 진원지였던 서남권이 통합을 계기로 새로운 번영의 거점이 되고, 전남광주특별시의 중심지가 되는 것이 통합의 정신을 가장 잘 실현하는 방안이기도 하다. 앞으로 서남권은 행정·에너지 특별시가 되고 이재명 대통령이 약속한 남방항로의 물류 중심지가 되어 대한민국의 산업지형을 바꾸는 역할을 맡게 될 것이다.

두 번째, 광주권은 첨단과학기술과 교육·연구·인재 양성의 국가 거점으로 더 육성한다. 신정훈은 '사람(인재)이 남는 도시'를 강조해 왔다. 통합 전남광주가 지속 발전하기 위한 전제는 바로 '사람'이며, 광주권은 바로 그 사람을 키워내고 인재를 끌어들이는 교육과 문화의 중심이자 세계적인 민주·인권의 도시다. 이에 따라 광주는 전남광주특별시 교육청을 두고 교육특별시로 성장해야 한다. 전남에 들어올 기술 산업의 연구개발시설이 들어와야 할 곳도 광주다. 기존에 가지고 있던 자동차산업을 확장해서 모빌리티 시티로 한 단계 더 업그레이드된 광주, 전남광주특별시민이 소통하는 문화 중심지로서 더 융성하게 될 것이다.

세 번째, 전남 동부권은 미래 산업과 일자리의 중심축으로서 2차전지, 우주항공, 수소·철강·석유화학 등 반도체·산업 특별시로 육성해야 한다. 전남 동부권은 산업단지, 항만, 물류에서 전국적으로 경쟁력 있는 입지를 가지고 있다. 동부권은 재생에너지를 바탕으로 광주전남특별시의 실질적 경제성장을 책임지는 산업특별시가 되어야 한다. 전남 동부권은 반도체 수소경제 산업의 중심지가 될 수 있는 최적의 조건을 갖추고 있다. 기존 산업의 혁신과 함께 새로운 산업을 유치하면서 전남광주특별시의 성장 엔진이 되어야 한다. 전남과 광주의 통합은 동부권 기존 산업의 위기를 극복해 나가는 천재일우의 기회다. 초광역 단위에서 펼쳐지는 산업-교육-행정의 유기적인 연결이 동부권의 산업전환과 신산업 유치를 뒷받침하는 든든한 배경이 될 것이다.

'통합'은 한마디로 기득권을 내려놓는 일이다. 수도권에 있는 공공기관과 정부부처마저 지방으로 내려와야 한다고 주장했던 전남과 광주가 기존의 낡은 생각에 빠져 기득권만 주장한다면 진정한 통합은 이루어질 수 없다. 그런 의미에서 신정훈이 제안하는 행정, 교육, 산업의 3축 발전 방향은 비효율을 극복하면서도 어느 지역도 소외되지 않는 통합을 만드는 설계도다. 어느 한 곳이 승리하는 통합이 아니라 모두가 중심이 되는 통합이다.

3부

에너지 주권, 산업지도를 새로 그리다

호남이
AI와 에너지의 미래다

○

전남은 대한민국에서 재생에너지 생산량 1위를 차지하고 있다. 전국 재생에너지 발전량의 약 31%를 전남에서 생산한다. 태양광 발전이 2024년 기준 7,087GWh로 전국 1위이며, 전국 태양광 발전량의 23%를 생산한다. 육상풍력과 해상풍력의 설비 용량 역시 전국 최대 규모이다. 잠재력이 444GW 이상으로 전국 최고 재생에

돌아온 광주 하나 된 전남

너지 잠재량을 전남이 보유하고 있다.

타의 추종을 불허하는 전남 압도적 1위는 당분간 계속 유지될 수밖에 없다. 여기에 전남은 한전과 에너지공대에 송·배전 인프라까지 갖추고 있다. 에너지 수도가 전남이 아닌 다른 곳이라 주장할 사람이 이제 아무도 없는 것이다!

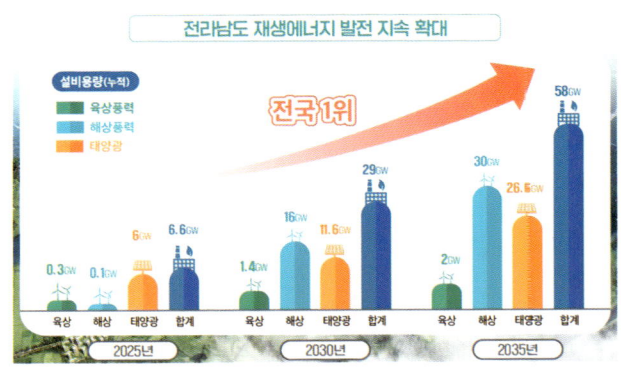

최근 들어 재생에너지가 풍부한 전남이 반도체 산업 육성의 적지라는 평가가 전문가들 사이에서 점점 힘을 얻고 있다. 불과 몇 년 전까지만 해도 반도체 공장은 수도권에 있어야 한다는 인식이 지배적이었지만, 산업 환경은 빠르게 바뀌었다.

반도체 공정에 필요한 막대한 전력을 수도권으로 추가 공급하는데 기술적·사회적 한계가 분명해지고 있다. 재생에너지로 생산하지 않으면 글로벌 시장에서 거래가 어려워지는 RE100 환경이 현실화하고 있다. 이 두 조건을 종합하면, 반도체 산업은 현실적으로 재생에너지가 많은 전남으로 공장이 이동할 수밖에 없다!

다만 전남이 재생에너지 생산 1위라는 사실이 곧 전력 공급이 충분하다는 의미는 아니다. 앞으로 전남이 감당해야 할 전력 수요는 현재와는 전혀 다른 규모로 확대될 가능성이 크다. 우선 동부권의 철강·석유화학 산업을 고려해야 한다. 탄소 규제가 강화될수록 이들 산업은 공정 효율 개선, 전기로 전환, 수소·암모니아 연계, 전기 기반 열원 전환 등 구조적 변화를 요구받는다. 이는 필연적으로 재생에너지 수요 증가로 이어진다.

서부권은 AI, 데이터센터, 반도체라는 '전기 먹는 신산업' 시대를 준비하고 있다. 그런데 반도체 공장만 해도 물과 인력만으로 돌아가지 않는다. 전력이 곧 핵심 생산시설이다. AI 데이터센터 역시 외형상 '조용한 산업'처럼 보이지만, 하이퍼스케일 데이터센터 하나만으로도 수십 메가와트 이상의 상시 전력이 필요하다. 이러한 수요가 누적되면 전남의 전력 수요 구조는 지금과 질적으로 달라진다.

이렇게 기존 철강·석유화학에 새로운 반도체·AI 수요가 붙는 순간, 전남의 현재 재생에너지 생산만으로는 필요한 전력을 감당할 수가 없다. 그래서 '전남은 재생에너지가 많아 반도체를 유치할 수 있다'는 말은 절반만 맞고, '그래서 더 늘려야 한다'가 있어야 완성되는 문장이다. 더 많은 재생에너지를 전남이 담당해야 한다. 해상풍력, 태양광에 에너지 저장장치와 수소까지 지속적인 투자가 필요하다.

이제 전남의 재생에너지 투자는 발전소 몇 개 더 짓자는 수준이
아니다. 전남 산업지도를 근본적으로 바꾸는 투자로 봐야 한다. 우
선, 태양광을 중심으로 '전남 에너지 투자' 로드맵을 완성하는 것
이 중요하다.

전남이 재생에너지 생산 1위라는 사실은 자랑이 아니라 책무다.
전남은 그 전기를 팔기만 하는 지역에서 산업을 불러서 부가가치
를 남기는 지역으로 바꾸어야 한다. 동부권의 철강·석유화학 전환
을 성공적으로 마치고, 서부권의 AI·데이터센터·반도체를 끌어오려
면, 지금 생산하는 재생에너지 규모만으로는 부족하다. 그래서 나
는 전남이 태양광 중심의 속도전, 저장·계통을 결합한 안정화, 전력
패키지형 투자유치를 동시에 추진할 생각이다.

전남은 해상풍력도 강점이지만, 전력 수요가 빠르게 늘어나는 시
기에는 태양광이 가장 빨리 깔 수 있는 카드가 될 수 있다. 인허가,
공사 기간, 확장성 측면에서 태양광은 풍력보다 속도가 빠르다. 나
는 태양광을 중심축으로 풍력, 저장, 계통을 결합하는 방식으로 전
남의 에너지 투자를 구체화하는 전략을 마련할 계획이다.

지붕, 유휴부지, 수상형, 영농형을 한꺼번에 보급해야 한다. 전남
곳곳에는 비어 있는 부지, 방치된 공공자산이 많다. 태양광은 이
자산을 잠자는 땅에서 일하는 자산으로 바꾸는 가장 현실적인 수
단이다. 공공건물, 학교, 체육관, 주차장은 민원이 거의 없고 속도

도 빠르다. 무엇보다 주민 이익공유의 표준 모델을 만들어 주민의 수용성을 높이고 투자 안정성을 보장해야 한다. 재생에너지의 수익이 마을 주민의 정기적인 소득으로 돌아오는 구조를 신정훈이 반드시 만들 계획이다.

하지만 전남의 에너지 전략은 태양광과 풍력에 머물러서는 안 된다. 지금까지 태양광과 풍력은 전남 에너지 전환의 핵심축이었지만, 앞으로의 에너지 전략은 보다 다원화되고 입체적인 재생에너지 포트폴리오로 확장되어야 한다. 이미 세계는 태양광·풍력을 넘어 수소, 조력, 해양에너지 등 새로운 재생에너지를 적극적으로 탐색하며 다양한 실증과 상용화 실험에 나서고 있다.

전남은 그중에서도 재생에너지 기반 그린수소 생산에 가장 유리한 조건을 갖춘 지역이다. 풍부한 재생에너지 자원은 물론, 항만 인프라와 산업단지, 그리고 에너지 공기업이 집적된 구조는 수소의 생산-저장-운송-활용으로 이어지는 전주기 생태계를 구축하기에 매우 적합하다. 이는 단순히 수소를 생산하는 지역을 넘어, 수소 산업 전반을 실증하고 확장할 수 있는 거점이 될 수 있음을 의미한다.

또 하나 주목해야 할 자산은 전남의 바다다. 전남 연안은 조력과 다양한 해양에너지를 활용할 수 있는 잠재력이 크다. 특히 조력 에너지는 발전량 예측이 가능하고, 기저 전원 역할을 수행할 수 있다는 점에서 재생에너지의 불안정성을 보완할 수 있는 중요한 수단이다. 기후위기 시대에 안정성과 지속가능성을 동시에 확보할 수 있

돌아온 광주 하나 된 전남

는 에너지원으로서 조력과 해양에너지를 전략적으로 검토할 필요가 있다.

전남의 에너지 전략은 태양광과 풍력을 기반으로 하되, 그린수소와 조력·해양에너지까지 아우르는 확장형 재생에너지 전략으로 진화해야 한다. 이는 에너지 생산의 양을 늘리는 문제가 아니라, 전남을 미래 에너지 기술이 검증되고 산업으로 자리 잡는 핵심 거점으로 전환하는 전략이다.

그런데 재생에너지는 단순한 발전 사업이 아니다. 주민 수용성이 매우 중요하다. 어떻게 설계하느냐에 따라 지역 주민의 안정적인 소득이 될 수도 있고, 반대로 또 하나의 수탈 구조가 될 수도 있다. 신안군의 경험은 중요한 시사점을 준다. 지역 주민이 직접 재생에너지 사업에 참여하고 투자하며, 그 결과로 바람 연금과 햇빛 연금을 받는 모델은 재생에너지가 지역의 부담이 아니라 지역의 자산이 될 수 있음을 보여주었다. 이는 단순한 실험이 아니라, 전국으로 확산할 수 있는 새로운 표준이다.

전남이 에너지 수도로 도약하려면 더 많은 발전 설비가 아니라, 사람 중심의 에너지 구조가 더 중요하다. 주민이 참여하고, 주민이 소유하며, 주민이 혜택을 누리는 재생에너지야말로 진정한 에너지 전환이며, 지역소멸을 막는 가장 현실적인 해법이 될 수 있다.

해남 솔라시도 RE100산업단지 조감도(전라남도 제공)

2025.10.02.
이재명 대통령이 우리나라 AI 대전환 및 AI 생태계 조성 가속화를 위한 과학기술정보통신부와 오픈AI 간 MOU를 체결했다. 이날 오픈AI와 SK가 협약해 전남에 AI 전용 데이터센터를 공동구축한다는 것을 발표했다.

돌아온 광주 하나 된 전남

햇빛 소득 마을,
구양리의 선택

○

나는 에너지 정책을 이야기할 때마다 한 가지 원칙을 스스로에게 되묻곤 한다. 에너지는 과연 누구를 위한 것인가, 산업을 움직이는 수단에 그쳐도 되는가, 아니면 사람의 삶을 지탱하는 기반이어야 하는가. 나의 답은 언제나 같았다. 에너지는 산업만을 위한 것이 아니라, 삶을 위한 것이어야 한다는 원칙이다. 전기는 공장에서

만 쓰이는 것이 아니라 마을에서, 가정에서, 일상의 모든 순간에 스며들어 있기 때문이다.

그러나 우리는 오랫동안 에너지를 이야기하면서도 정작 그 에너지가 만들어지는 지역의 삶을 중심에 두지 못해 왔다. 재생에너지 정책이 본격화된 이후에도 상황은 크게 달라지지 않았다. 사업은 반복해서 갈등에 부딪혔고, 주민 반대는 좀처럼 줄어들지 않았으며, 많은 프로젝트가 계획 단계에서 멈추거나 지연되었다. 그 원인을 설명 부족이나 절차상의 문제로 돌리는 경우가 많았지만, 나는 그보다 더 근본적인 이유가 있다고 생각해 왔다.

전기는 이 땅에서 만들어진다. 햇빛도, 바람도, 땅도, 바다도 모두 이곳에 있다. 하지만 그렇게 만들어진 전기가 창출한 이익은 대부분 마을에 남지 않고 다른 곳으로 흘러갔다. 발전소는 들어왔지만 마을의 소득은 늘지 않았고, 송전선은 지나갔지만 주민의 삶은 크게 달라지지 않았다. 이런 구조 속에서 재생에너지는 희망이 아니라 부담으로 인식될 수밖에 없었고, 갈등은 예외가 아니라 필연처럼 반복되었다.

이 구조에 대한 문제의식이 나를 구양리 마을로 이끌었다. 주민 주도형 에너지 성공사례로 주목받는 경기도 여주시 구양리 '마을 태양광 발전소'는 처음부터 모든 것이 순조로웠던 곳이 아니었다. 시행착오도 있었고, 의견 충돌도 있었다. 그러나 그 마을에는 분명한 차이가 있었다. 햇빛으로 만든 전기에 주민이 참여했고, 그 전기로 발생한 수익이 다시 주민에게 돌아가는 구조가 만들어져 있었다. 그것은 일회성 보상이나 지원금이 아니라, 해마다 반복되는 안정적인 소득의 형태였다.

이 차이는 생각보다 훨씬 큰 변화를 만들어냈다. 재생에너지를 둘러싼 논의의 분위기가 달라졌고, 반대와 불신은 점차 참여와 신뢰로 바뀌어 갔다. 에너지는 더 이상 외부에서 내려오는 사업이 아니라, 마을이 함께 선택하고 함께 운영하는 자산으로 인식되기 시작했다. 나는 그 과정에서 재생에너지의 핵심이 기술이나 규모가 아니라, 소유 구조와 소득 구조에 있다는 사실을 분명하게 확인할 수 있었다.

그래서 나는 이 모델을 한 마을의 특별한 사례로 남겨두지 않기로 했다. 성공 사례는 이야기로 소비되기 쉽고, 제도와 정책으로 확장되지 않으면 반복될 수 없기 때문이다. 구양리에서 확인한 구조를 바탕으로, 나는 햇빛이 소득이 되는 마을을 정책의 언어로 다시 설계하기로 했다. 매년 최소 100개씩, 임기 동안 최소 500개의 햇빛소득마을을 만들어 가겠다는 목표를 세운 것도 이 모델이 충분히 현실적이고 확장 가능하다는 확신이 있었기 때문이다.

햇빛소득마을은 단순히 태양광 설비를 설치하는 사업이 아니다. 주민이 사업에 참여하고, 지분을 보유하며, 그에 따른 수익을 배당받고, 일부는 마을 공동기금으로 적립해 다시 지역을 위해 사용하는 구조를 전제로 한다. 이를 통해 개인의 소득과 마을의 재정이

동시에 살아나고, 마을은 더 이상 지원을 기다리는 대상이 아니라 스스로 수익을 만들어내는 주체로 자리 잡게 된다. 나는 이것이 에너지 기본소득이라는 개념을 가장 현실적이고 생활에 가까운 방식으로 구현하는 출발점이라고 생각한다.

햇빛소득마을이 늘어날수록 변화는 더욱 분명해진다. 노인에게는 안정적인 생활의 버팀목이 생기고, 청년에게는 다시 돌아올 이유가 만들어지며, 마을 전체에는 공동체를 유지할 수 있는 최소한의 힘이 축적된다. 에너지 정책을 통해 마을을 다시 삶의 중심으로 세우겠다는 나의 구상은 바로 이 지점에서 출발한다.

햇빛과 바람이 갈등의 원인이 아니라 연금이 되고, 생활비가 되고, 마을의 미래가 되는 구조. 그 가능성은 이미 구양리에서 확인되었다. 이제 남은 것은 이 선택을 더 많은 마을로 확장해 나가는 일이다. 나는 이 결단이 단지 재생에너지 정책을 바꾸는 것을 넘어,

지역을 바라보는 정치의 시선 자체를 바꾸는 일이라고 믿는다. 그리고 그런 변화는 언제나 그렇듯, 가장 작은 마을에서부터 시작된다고 생각한다. 그 지역이 바로 전남광주특별시다.

전기요금 90원,
전남광주형 RE100 산단

○

햇빛소득마을을 통해 나는 에너지가 주민의 소득이 되고 공동체의 기반이 될 수 있다는 가능성을 확인했다. 그러나 마을의 변화만으로 지역 전체의 미래를 지켜낼 수는 없다는 사실 또한 분명했다. 사람이 머물기 위해서는 안정적인 삶의 기반과 함께 일자리가 필요하고, 지역이 지속되기 위해서는 결국 산업의 구조가 바뀌어야 한

돌아온 광주 하나 된 전남

다. 그래서 나의 시선은 자연스럽게 마을에서 산업으로 옮겨갔다.

에너지 관련 기업을 만나며 내가 가장 자주 들은 질문은 단순했다. 이 지역의 전기요금은 얼마인지, 그리고 RE100이 가능한지에 대한 물음이었다. 이 질문은 단순한 비용의 문제가 아니라 미래의 문제였다. 전기요금이 예측되지 않으면 투자 계획은 세울 수 없고, 에너지 공급이 불안정하면 장기적인 산업은 자리 잡을 수 없기 때문이다. 나는 이 질문에 분명하고 책임 있는 답을 해야 한다고 생각했다.

그래서 선택한 것이 '전남광주형 RE100 산업단지'다. 이 산업단지는 단순한 기업 유치 정책이 아니라, 에너지 구조와 산업 구조를 동시에 바꾸는 결단이다. 서부권, 서남권, 중부권, 동부권에 각각 최소 100만 평 규모의 RE100 산업단지를 조성하고, 각 단지는 인근 지역에서 생산되는 재생에너지를 기반으로 운영되도록 설계하겠다. 외부 전력에 의존하는 방식이 아니라, 지역에서 만든 햇빛과 바람 전기를 지역 산업에 직접 공급하는 구조를 만드는 것이 이 정책의 핵심이다.

전기요금 90원이라는 기준 역시 선언이 아니라 계산의 결과다. 발전 설비 투자비와 운영비, ESS를 통한 변동성 관리 비용, 장기 유지보수 비용까지 모두 고려해 30년 이상 유지 가능한 구조로 설계했다. 단기적인 보조금으로 가격을 낮추는 방식이 아니라, 장기 고정 계약을 통해 기업이 안심하고 투자할 수 있는 환경을 만드는 것이 목표다. 기업에게 중요한 것은 가장 싼 전기가 아니라, 가장 확실한 전기이기 때문이다.

이 RE100 산업단지가 완성되면, 그 효과는 단순히 기업 몇 곳을 유치하는 데서 그치지 않는다. 산업단지 하나가 안정적으로 가동되면 생산과 설비 운영, 유지·보수, 물류, 연구, 관리 전반에 걸쳐 새로운 일자리가 만들어진다. 나는 이 구조를 통해 각 RE100 산업단지에서 최소 1,000개 이상의 새로운 일자리가 창출될 수 있다고 보고 있다. 이는 단순한 고용 숫자가 아니라, 지역에 사람이 다시 머물 수 있는 최소한의 조건을 만들어내는 변화다.

특히 이 산업단지는 전남광주가 가진 에너지 환경과 가장 잘 맞는 산업을 중심으로 육성할 계획이다. 반도체 제조설비와 관련된 소부장 기업, 전력반도체와 전력변환 장비, 자동화 설비와 공정 장비처럼 에너지를 많이 사용하면서도 안정적인 전력 공급이 필수적인 산업이 그 중심에 놓이게 된다. 여기에 물류·장비·정비·시험·검증과 같은 피지컬 산업을 함께 키워, 눈에 보이는 생산과 고용이 지역에 뿌리내리도록 하겠다.

나는 이 선택이 전남광주에 특히 적합하다고 생각한다. 이 지역은 이미 재생에너지 생산 기반을 갖추고 있고, 전력과 에너지 분야의 인프라와 인재가 축적되어 있다. 여기에 RE100 산업단지가 결합되면, 전남광주는 더 이상 에너지를 보내기만 하는 지역이 아니라, 에너지를 기반으로 첨단 제조와 실물 산업을 동시에 키워내는 지역으로 전환될 수 있다.

　이러한 전환을 안정적으로 이끌기 위해 나는 '전남광주형 에너지 공사'를 설립하고자 한다. 에너지공사는 단순히 전기를 판매하는 조직이 아니라, 재생에너지의 생산과 공급, 산업 수요를 하나의 체계로 설계하고 관리하는 공공 플랫폼이 될 것이다. 에너지공사가 중심이 되어 재생에너지 산업을 체계적으로 육성하고, RE100 산업단지의 안정적인 전력 수요를 관리함으로써 에너지 생산과 산업 수요가 끊김없이 연결되는 구조를 만들고자 한다.

　이렇게 형성된 안정적인 에너지 수요는 다시 재생에너지 확대를 가능하게 하고, 그 재생에너지는 햇빛소득마을과 자연스럽게 연결된다. 산업단지를 통해 창출된 에너지 수익의 일부는 인구 소멸 지역을 중심으로 햇빛·바람 연금이라는 형태로 주민에게 돌아가게 된다. 산업이 성장할수록, 에너지를 생산하는 마을의 소득도 함께 늘어나는 구조다. 나는 이 연계를 통해 에너지 복지를 시혜가 아니라, 지역이 가진 자산에 대한 정당한 권리로 만들고자 한다.

결국 RE100 산업단지는 일자리를 만들고, 햇빛·바람 연금은 삶을 지탱한다. 산업과 마을이 하나의 에너지 체계 안에서 연결될 때, 지역은 비로소 스스로 돌아가는 힘을 갖게 된다. 나는 이 구조를 통해 전남광주가 인구 감소와 산업 공백의 악순환에서 벗어나, 에너지로 먹고사는 지역으로 다시 설 수 있다고 믿는다.

전기를 바꾸는 일은 곧 경제를 바꾸는 일이고, 경제를 바꾸는 일은 삶의 조건을 바꾸는 일이다. 나는 햇빛소득마을에서 시작된 에너지 전환이 RE100 산업단지를 거쳐 일자리와 소득, 그리고 인구의 흐름까지 바꾸는 이 과정을 전남과 광주에서 반드시 완성하고자 한다. 이것은 단기적인 성과를 위한 정책이 아니라, 앞으로 수십 년을 내다본 지역 생존 전략이며, 내가 선택한 길이다.

남부 반도체벨트
최적지는 전남이다!

○

이번 2026년 전남광주 통합 선언의 배경에는 AI와 에너지 대전환이라는 시대적 흐름 속에서 광주와 전남이 각각의 광역단체로는 국가 전략 산업의 중심축 역할을 하기 어렵다는 냉철한 현실 인식이 깔려 있다. 수도권 중심의 반도체벨트에 대응하고 RE100 기반의 미래 산업을 선점하기 위한 절박함이 있다.

이재명 대통령이 남부에 반도체벨트를 만들겠다고 신년사에서 밝혔다. 나는 당장 전체 전남도민과 함께 이 대통령의 신년사를 전폭적으로 환영하는 메시지를 냈다. 나는 그동안 수차례에 걸쳐 에너지가 있는 곳으로 기업이 와야 하고, 반도체 공장을 호남에 만들어야 한다고 주장했다. 이런 나의 평소 주장에 대통령도 화답한 것이다.

이보다 앞서 2025년 12월 10일 이재명 대통령은 '반도체 산업 육성 보고회'에서 "재생에너지가 풍부한 남쪽 지방으로 눈을 돌려서 그 지역에서 새로운 산업 생태계를 구축하는 데 관심을 가져달라"고 기업들에 당부한 적도 있다. 지방주도성장을 위해 대통령이 경기도 반도체벨트에 이어 호남이나 영남에도 반도체벨트를 구축하겠다는 뜻을 분명하게 밝혔다는 데 주목해야 한다.

이 대통령은 반도체를 포함해 남부 지방을 인공지능, 재생에너지 등 첨단산업의 중심으로 만들어 지방주도성장을 추진하겠다는 포부도 밝혔다. 이 대통령의 2026년 신년사는 단순한 구상이 아니라 지방주도성장 계획에 포함할 국가전략이다.

우리 전남광주가 할 일은 명확하다. 전남은 전국에서 재생에너지가 가장 많고 잠재력도 가장 높은 곳이다. 오픈AI 데이터센터와 국가 AI 컴퓨팅센터가 해남에 들어설 계획이고, AI는 국가 인공지능 데이터센터가 있는 광주가 주도하고 있다. 대통령이 말한 남부 반도체벨트는 전남광주가 최적지다.

전남과 광주의 통합은 선언만 한다고 되는 것이 아니다. 힘을 합쳐 실적을 쌓아 통합의 효용성을 검증해야 한다. 그래야 정치인이 아니라 주민들이 먼저 왜 빨리 통합하지 않느냐고 다그칠 것이다. 과거에 불가능해 보였던 것들이 전남에서 하나씩 현실이 되었듯, 반도체 역시 그렇게 만들어 가야 한다.

탄소중립형 'K-반도체 제2벨트'를 전남에 구축하자

○

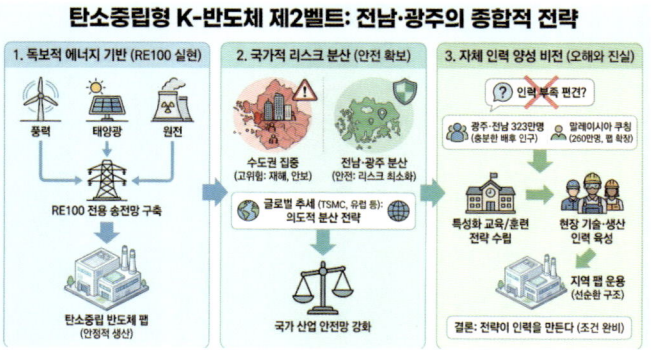

경기도에 이어 국가 주도로 탄소중립형 'K-반도체 제2벨트'를 전남에 구축해야 한다. 풍력, 태양광, 원전이 모두 가능한 국내 유일 지역이라는 강점을 살려, RE100 전용 송전망을 구축하고, 삼성전자, SK하이닉스와 같은 반도체 기업이 재생에너지를 직접 구매해 안정적으로 생산할 수 있는 구조를 만들어야 한다.

한 가지 더 분명히 짚고 넘어가야 할 점이 있다. 반도체 팹은 한 곳에 모아 놓을수록 위험하다는 사실이다. 반도체 팹은 지진, 태풍, 홍수와 같은 자연재해는 물론이고, 정전, 테러, 군사적 공격을 비롯한 단 하나의 사고만으로도 전체 생산이 마비될 수 있는 초고위험 시설이다. 한 지역에 문제가 발생하면 국가 산업 전체가 흔들릴 수 있다. 이것이 반도체 산업이 지닌 구조적 취약성이다.

이 위험을 가장 잘 알고 있는 기업이 바로 TSMC다. TSMC에 중대한 문제가 발생하면 대만 경제 전체가 타격을 받는다는 말이 나올 정도다. 그래서 TSMC는 반도체 공장을 한곳에 몰아 짓지 않았다. 대만 내 여러 지역에 공장을 분산시켰을 뿐 아니라, 일본 훗카이도와 미국 애리조나처럼 지정학적·안보적으로 분산된 지역에 신규 팹을 건설하고 있다. 이는 단순한 해외 진출이 아니라, 국가적 리스크를 줄이기 위한 의도적 분산 전략이다.

유럽도 마찬가지다. 독일의 X-FAB은 드레스덴을 중심으로 하되, 공장을 독일 여러 지역에 분산 배치했다. 더 나아가 말레이시아 쿠칭처럼 정글로 둘러싸인 외곽 지역의 기존 팹을 두 배 이상 확장했다. 인구 밀집 지역을 피하고, 사고 발생 시 피해를 최소화하려는 판단이다.

우리의 현실은 세계적 흐름과 정반대다. 대한민국은 인구가 가장 밀집한 수도권에 반도체 팹을 집중시키고 있다. 이미 평택, 화성, 기흥의 반도체 공장 주변에는 대규모 아파트 단지와 주거 지역이 빽

빽하게 들어서 있다. 반도체 클러스터를 조성하겠다는 용인 역시 상황은 다르지 않다. 산업 안전, 주민 안전, 국가 리스크 관리 측면에서 모두 불안한 구조다.

이제는 방향을 바꿔야 한다. 반도체벨트는 더 이상 수도권에 집중시켜서는 안 된다. 전국으로 분산 배치하는 것이 산업 전략이자 국가 안전 전략이다. 하나의 사고가 국가 전체를 흔들지 않도록, 위험을 구조적으로 분산해야 한다.

삼성전자에 왜 친환경 전기가 풍부한 호남이 아니라 용인을 선택했느냐고 물으면, 흔히 "인력이 없어서"라는 답이 돌아온다. 그러나 이 주장은 사실과 거리가 있다. 광주와 전남을 합친 인구는 약 323만 명이다. 이 정도 규모의 지역에 인력이 없다고 말한다면, 대한민국 어디에서도 반도체 공장은 불가능하다는 이야기와 다르지 않다. 특히 메모리 반도체 공장은 흔히 생각하는 것처럼 석·박사급 연구 인력 수천 명을 필요로 하지 않는다.

실제로 팹 운영의 다수를 차지하는 것은 대졸, 전문대졸, 고졸을 비롯한 다양한 학력의 기술 인력과 생산 인력이다. 인구 323만 명 규모라면 반도체 팹 운영에 필요한 인력을 충분히 감당할 수 있다. 최근 반도체 공장을 두 배로 확장한 말레이시아 쿠칭의 인구가 약 260만 명에 불과하다는 점은 이를 잘 보여준다. 따라서 지금부터 호남 자체적으로 인력을 길러내는 구조를 만드는 것이 핵심이다.

결론은 분명하다. 전남에 반도체 인력이 없는 것이 아니라, 전남에 인력을 키울 전략이 아직 충분히 설계되지 않았을 뿐이다. 전략이 갖춰지면 인력은 따라온다. 그리고 그 전략을 실행할 수 있는 조건은 이미 전남에 있다.

피지컬 AI 산업 선도하는
전남 만들기

로봇, 자율주행과 결합해 실제 물리적 환경을 인지하고 제어하는 '피지컬 AI'가 글로벌 미래 시장의 격전지가 되고 있다. 제조 역량이 뛰어난 우리나라가 피지컬 AI 시장의 선두가 될 수 있다는 기대도 높아지고 있다. 정부도 '피지컬 AI 1등'을 목표로 제시하고 공공과 제조, 방산을 중심으로 한 AI 대전환 전략을 제시했다. 과학

기술정보통신부는 '피지컬 AI 글로벌 얼라이언스'를 출범시키고, 삼성·현대차 등 120개 기업과 함께 산·학·연 역량을 결집해서 피지컬 AI의 글로벌 허브로 만들기 위한 청사진을 공개했다.

한국은 세계 최고 수준인 반도체, 자동차, 조선 등 제조 역량을 보유하고 있고, 개발된 피지컬 AI 기술을 즉각 실제 환경에 적용해서 완성도를 높일 수 있는 최적의 조건을 갖추고 있다. 정부의 지원 전략도 구체적이다. 과기정통부는 지역 거점을 지정해 피지컬 AI 핵심기술 실증 시범사업을 추진하고, 주요 기업, 연구소, 대학 연구실을 집적시킨 산·학·연 협업 클러스터인 '피지컬 AI 밸리'를 육성할 계획이다. 단순한 연구개발 지원을 넘어, 실제 산업 현장에 적용하고 글로벌 표준을 선도할 수 있는 거점을 만들 계획이다. 나는 피지컬 AI의 '우상향' 성장과 전남·광주의 AI·제조 인프라를 활용해서 전남광주가 대한민국 피지컬 AI산업을 주도하는 전략을 세워서 강력하게 추진할 생각을 하고 있다.

전남광주는 피지컬 AI 산업을 키우기에 적합한 조건을 갖추고 있다. 탄소 장벽을 뚫을 충분한 재생에너지, 첨단 제조 실증이 가능한 산업기반, 대규모 실험이 가능한 공간, 국가 전략 산업과 직결된 에너지·모빌리티·국방 인프라, 그리고 이를 연결할 수 있는 도시 거점을 같이 가지고 있다.

이런 조합은 수도권에서도, 다른 지방에서도 쉽게 찾기 어렵다. 전남은 전국 최대 규모의 에너지 생산 거점이자, 산업단지·항만·조선·해양·농생명·스마트팜과 같은 피지컬 AI의 실증 무대가 될 현장을 가장 많이 갖고 있다. 로봇과 자율 시스템, AI 기반 설비 제어 기술은 결국 현장에서 작동하며 학습해야 완성된다. 또 전남은 에너지 설비, 항만 물류, 조선·해양 구조물, 농업·수산 현장까지 피지컬 AI를 대규모로 시험하고 검증할 수 있는 대한민국 최대의 실증 필드를 제공할 수 있다.

광주는 이미 미래차·모빌리티 산업을 전략적으로 육성하고 있고, 도심 단위에서 자율주행, 스마트 교통, AI 기반 도시 운영을 실험할 수 있는 '모빌리티 시티'로의 전환을 추진 중이다. 피지컬 AI는 공장과 물류창고에만 머무르지 않는다. 도시 전체가 하나의 거대한 물리 실험장이 되는 순간, 교통·안전·물류·돌봄·환경 관리까지 AI가 현실을 인지하고 제어하는 단계로 진입한다. 광주는 바로 그 도시형 피지컬 AI의 테스트베드가 될 수 있다.

전남에서 대규모 산업 실증을 하고, 광주에서 도시 적용과 고도화를 완성하는 구조로 역할 분담을 한다면, 정부가 말한 피지컬 AI의 글로벌 허브로 기능하기에 충분하다. 전남과 광주가 결합할 때, 광주전남은 단순한 연구단지가 아니라 피지컬 AI의 전주기 가치사슬, 즉 연구-실증-적용-수출로 이어지는 완결된 생태계를 갖추게 될 것이다.

바로 이런 것이 전남광주 행정통합의 전략적 성과이다. 피지컬 AI는 부처별, 지자체별로 쪼개서 키울 수 있는 산업이 아니다. 실증부지, 규제 특례, 에너지 공급, 교통 인프라, 인재 양성, 기업 유치가 하나의 전략 아래 묶여야 한다. 광주와 전남이 분리된 상태에서는 실증은 전남, 연구는 광주, 예산과 규제는 규제 따로 움직이게 된다.

나의 선택은 명확하다. 피지컬 AI를 광주·전남 지방정부의 전략산업으로 육성할 것이다. 이를 위해 '광주전남 피지컬 AI 메가 실증권역'을 조성할 것이다. 전남의 산업단지·항만·에너지 설비를 하나의 실증 네트워크로 묶고, 광주의 모빌리티 시티를 도시형 피지컬 AI 실험 공간으로 연계할 계획이다.

'모빌리티와 피지컬 AI 융합클러스터' 구축을 추진할 계획이다. 광주의 미래차·자율주행 인프라에 전남의 제조·에너지·부품 생태계를 결합해서 로봇, 자율주행, 스마트 물류, 방산 기술이 동시에 성장하는 융합산업 벨트를 만들 계획이다. '모빌리티·피지컬AI 융합클러스터'는 전남·광주 통합의 실질적 동력이고, 수도권에 대응하는 대한민국 제2의 전략기술 중심지를 육성하는 일이다.

피지컬 AI는 전남광주가 지원받는 지역이 아니라 국가 산업 전략을 주도하는 지역으로 도약하는 계기가 될 것이다. 내가 말하는 광주전남 통합은 바로 이런 것이다. 행정통합을 산업 전략으로 완성하고, 산업 전략을 세계 경쟁력으로 연결해서 독자적인 경제권으로 육성하는 것이다.

동부권 산업혁신,
신정훈이 적임자다

○

선거 때만 되면, 어디 출신을 뽑아야 한다, 우리는 소외되었다는 이야기가 꼭 나오는 곳이 전남이다. 이번에도 마찬가지다. 동부권 소외론이 그것이다. 동부권이 소외되었으니 동부권 출신을 도지사로 뽑자는 것이다. 과연 이 논리는 맞는가? 전남 전체가 소외지역이다. 책임 있는 자리를 맡아서 해 보겠다고 선거에 나온 사람이 이런 소외론을 입에 담는 일은 없어야 한다.

정치는 도민의 감정을 부추겨 선거에 이용하는 것이 아니라, 문제를 해결하기 위한 방법을 찾는 일이다. 문제를 해결하겠다고 나섰다면 동부권 소외론이 아니라 '전남 대통합론'을 이야기해야 할 것이다.

전남 전체가 위기다. 어느 한 곳도 여유롭지 않다. 이런 상황에서 "동부는 소외됐고 서부는 혜택을 받았다"는 식으로 말하는 것은 지역 갈등을 부추기고 문제 해결을 더욱 어렵게 만들 뿐이다. 동부권이 느끼는 위기의식은 우리 모두의 과제이다. 석유화학·철강 산업의 불확실성, 글로벌 산업 패러다임의 변화, 공해·환경 규제 강화, 기술·인력 외부 유출, 이 모든 구조적 문제가 겹쳐서 생긴 일이다. 이걸 서부권이 더 가져가서 생긴 문제로 만들면 제대로 된 해결책이 나오기도 힘들다.

동부권이나 서부권 어느 한 곳의 소외론으로는 문제가 해결되지 않는다. 도민 전체를 통합해 새로운 산업을 만들고, 동·서부의 역할 분담과 협력을 강화하고, 기존 산업을 고도화하고 새로운 산업을 육성해야 한다.

전남의 미래는 동부권만으로도, 서부권만으로도 완성되지 않는다. 동부와 서부가 하나로 합쳐져야 살길이 열린다. 전남이 뭉치고 연결하면 전남이 서울이다. 동부권과 전남 발전을 위해 다 중요하지만 제일 우선인 것이 동부권의 철강과 화학 산업 대전환이다. 기존 석유화학과 철강, 조선을 친환경 고부가가치 첨단산업으로 전환하는 것이 중요하다. 특별법이 통과됐지만 특별법만 가지고는 부족하다. 도 차원에서 신재생에너지 공급이나 산업인력 공급을 위한 특별한 대책을 세울 것이다.

호남권 경제성장의 열쇠는 동부권이 쥐고 있다. 전남의 산업 허브는 누가 뭐라 해도 순천, 여수, 광양이 있는 동부권이다. 인구도 많고 주요 산업이 집중되어 있다. 아직 서부권 산업기반이 열악한 상황이라 전남 동부권의 석유화학과 철강이 흔들리면 전남 전체가 흔들리게 된다. 정부도 이 점을 잘 알고 있다. 그래서 국정운영 5개년 계획안에는 여수 석유화학산업 대전환, 여수·광양 산단의 친환경 고부가 전환을 명시하고, 석유화학과 철강을 위한 특별법을 만들어 위기 돌파에 적극 나서는 것 아니겠는가?

동부권의 석유화학과 철강을 튼튼히 다져야 전남의 미래가 활짝 열린다. 그래서 해야 할 일이 너무 많다. 가장 우선되어야 할 일은 동부권 국가산단의 노후 설비를 저탄소 설비로 전환하고 젊은 인력이 흔쾌히 이주할 수 있도록 여수–광양–순천 생활권의 정주 환경을 획기적으로 바꾸는 일이다.

그리고 동부권 산업의 대전환은 동·서부의 협력과 통합으로 극복해야 한다. 전남의 전력, 부지, 규제, 인력, 교통, 투자를 종합적으로 고려한 로드맵이 필요하다. 빨라진 교통과 AI를 활용해 사실상 전남 전체를, 나아가 광주까지 포함해서 하나의 경제권으로 통합하는 것이 동부권 성장의 열쇠라고 나는 확신한다.

동부와 서부가 갈등을 접고 현명한 통합전략을 짜야 한다. 동부의 에너지를 서부로 보내 석유화학과 제철을 살리고 우주항공과 방위산업을 키우는 식의 대책이 필요하다. 광양과 여수의 철강과 석유화학, 여수·순천·고흥의 우주항공과 관광산업, 신안의 해상풍력, 나주의 에너지를 씨줄 날줄로 연결하는 지혜를 발휘해야 한다.

인공태양 연구는 차세대 신약개발·우주의학과 연결하고 데이터센터는 AI 농업, AI 기후대응 산업과 연결하고, 재생에너지는 전남 동부의 산업전환과 연결시키는 것이 중요하다. 이렇게 해야 동부권이 살아나고 전남이 살아날 수 있다.

광양·여수항 역할론과
석유화학·철강 혁신

○

서부와 동부는 함께 가야 한다. 서부권은 바람이 좋고 재생에너지 발전에 유리하다. 반면에 동부권은 항만·산업·인력이 있다. 그래서 가능한 연대 전략이 있다. 전기는 서부에서 생산하고 산업과 일자리는 동부로 가져오는 것이다. 해상풍력만이 아니라 수소나 암모니아도 같다.

앞으로 바다를 통해 들어오거나 나갈 에너지는 더 늘어난다. 수소, 암모니아, 새로운 연료들도 저장할 곳, 옮길 곳, 관리할 곳이 있어야 하는데, 이 모두가 항만과 산업산지가 있어야 가능한 것이다. 동부에는 여수와 광양에 항만이 있고 확보되어 있는 산업단지도 많다. 즉 동부권 항만은 미래 에너지의 '관문'인 셈이다.

해상풍력은 바람개비 하나 세우는 사업이 아니다. 하나의 풍력단지가 만들어지기까지 여러 과정이 필요하다. 커다란 부품을 만들고, 항구로 옮기고, 배에 실어 바다로 나가 설치하고, 수십 년 동안 유지·관리하는 것이 풍력단지 안에서 일어나는 일이다. 이 중에서 발전기가 돌아가는 시간보다, 만들고 옮기고 고치는 시간이 훨씬 길다. 즉, 해상풍력의 진짜 일자리는 '제조·운송·정비'에 있는 것이다.

그러면 이 일자리는 어디에서 생길까? 바다 한가운데서는 사람이 살 수도, 공장을 지을 수도 없다. 그래서 해상풍력에는 반드시 항만이 필요하다. 큰 부품을 내리고, 배를 정박시키고, 정비 인력을 출발시키는 곳. 이걸 '지원항만'이라고 부른다. 쉽게 말해, 해상풍력의 본부이자 작업장이 항만인 것이다.

그런데 지금 전남은 이 지원항만이 부족하다. 풍력발전기 부품은 아주 크고 무겁다. 전용 부두와 넓은 땅이 필요하다. 그래서 지금은 몇몇 항만에만 일이 몰릴 가능성이 크다. 그래서 동부권은 여수·광양항을 에너지산업의 육성에 맞게 준비해야 한다. 특히 중요한 점은 이것이다.

해상풍력은 설치보다 설치 이후 계속해서 정비(MRO)가 필요한 분야다. 20~30년 동안 계속 고치고 관리해야 한다. 즉, 한 번 만들고 끝나는 일이 아니라, 계속 사람이 필요한 산업이다. 이 일자리를 동부권이 가져올 수 있다. 여수는 항만과 산단이 결합된 곳이다. 동부권 발전 전략은 새로운 발전소를 더 짓는 게 아니다. 여수와 광양항부터 재생에너지 지원항만으로 만들어야 한다.

어려움을 겪고 있는 여수 석유화학단지의 미래는 분명하다. 이제 범용제품 중심 구조로는 더 이상 생존할 수 없다. 고기능성 소재, 첨단 화학소재, 반도체 전장제품·배터리·우주항공·바이오와 연계한 화학제품에 관심을 돌려야 한다. 석유화학산업을 단순한 설비 증설이 아니라 기술, 인력, 연구개발 중심 산업으로 탈바꿈해야 한다. 즉 여수산단을 '굴뚝의 집합지'에서 '기술 플랫폼'으로 전환해

돌아온 광주 하나 된 전남

야 한다는 뜻이다.

　이런 전환을 위해 우선 국가 연구개발 인프라를 이전·확장해야한다. 화학·소재·에너지 분야 공공연구기관과 테스트베드를 동부권에 배치해야 한다. 그리고 대기업-중소기업-연구기관의 재결합을 촉진해야 한다. 기존의 수직적 하청구조가 아니라, 공동 연구, 공동 투자 구조로 바꿔야 한다. 인력 재편도 필요하다. 기존 석유화학 인력은 숙련도가 매우 높다. 이 인력을 잃는 순간 전환은 실패하게 되어 있다. 재교육과 산업 간 이동이 가능한 '전남형 산업전환 아카데미'를 만들어서 지원해야 한다.

　지혜롭게 대응하기만 한다면 여수 석유화학의 위기는 석유화학 고도화의 기회로 바꿀 수 있다. 노후 설비의 저탄소·고효율 설비 전환 지원, 탄소 포집·활용(CCUS) 실증단지 조성, 수소산업 육성, 재생에너지 연계 RE100 기반 화학공정 전환, 동부권 산업 전환 전용 펀드 투입과 같은 노력을 기울여야 한다.

　광양의 철강 산업 역시 석유화학과 마찬가지로 구조적 전환 압력에 직면해 있다. 글로벌 철강 수요 둔화와 공급과잉 문제가 있다. 철강 산업의 미래는 더 이상 시장에 맡길 문제가 아니다. 국가 안보 산업이라는 관점에서 정부와 전남도가 장기적인 전략을 세워 지킬 것은 지키고 바꿀 것은 바꾸는 국가전략으로 접근해야 한다.

　우선 제철소의 노후 설비를 저탄소 설비로 전환하는 프로그램을 바로 시작해야 한다. 친환경 전환은 선택이 아니라 생존 조건이다.

수소환원제철 기술 도입, 전기로 비중 확대, 재생에너지 연계 전력 공급, 탄소 저감 공정 실증을 추진해야 한다. 여기에 더하여 재생에너지 간헐성을 보완하는 이차전지, ESS 신산업을 보완해야 한다. 피지컬 AI확산에 따라 고밀도 2차전지의 수요도 크게 증가하고 있다.

철강 산업의 혁신은 단순히 친환경 설비를 도입하는 것만으로 완성되지 않는 것은 당연하다. 미래의 제철소는 AI 팩토리로 가고 있다. AI 기반 제철은, 공정 전반의 데이터 수집과 실시간 분석, 불량률 최소화와 에너지 효율 극대화, 설비 고장 예측과 위험수반 유지보수 공정 로봇투입 및 자동화, 품질 편차 최소화를 통해 고부가 가치 강재를 효율적으로 생산하는 것으로 요약할 수 있다.

전남도 차원에서 친환경 전환 전용 지원 패키지를 설계하고, 철강 인력의 고용 안정과 전환 교육을 지원해야 한다. 동부권 정주 환경 개선과 연계한 산업 생태계 구축도 전남의 역할이다. 살기 좋은 환경, 자녀 교육을 할 만한 환경을 만들어야 철강 산업에 필요한 고급 인재가 광양으로 올 것이기 때문이다.

철강 산업의 혁신은 광양만의 문제가 아니다. 광양이 흔들리면 인근 여수·순천도 연쇄적인 영향권에 들어간다. 나는 철강과 석유화학을 쌍두마차로 특별법을 활용해서 정부와 전남의 협력체계를 공고히 하고 저탄소 전환과 AI 제철을 조기에 도입하는 전략으로 철강 산업의 전환을 성공적으로 이뤄낼 것이다.

돌아온 광주 하나 된 전남

방위산업과 우주산업
육성은 어떻게

석유화학과 철강의 저탄소·AI전환과 함께 동부권의 성장을 이끌 신산업에 대한 본격적인 투자도 필요하다. 2025년 11월 27일 1시 13분, 한국형 위성 발사체 '누리호'가 네 번째 발사를 성공적으로 마쳤다. 나도 현장에서 감격스럽게 그 장면을 지켜보았다. 누리호가 우주로 솟구치는 모습은 3년간 뒷걸음질 치던 대한민국을 다시 희망으로 밀어 올리는 거대한 불기둥이었고 온갖 어려움을 견디고 날아오를 전남의 희망찬 미래였다.

이번에 누리호가 실어 올린 12기의 큐브위성 중에는 대한민국 최초의 우주의학 위성 'BEE-1000'이 포함되어 있어 전남의 제약·바이오산업에 새로운 지평을 열고 있다. 이제 우리 전남은 화순 백신산업특구와 첨단의료연구시설을 기반으로, 전남을 우주의학과 연계한 신약개발의 전초기지로 육성해야 하는 과제를 안고 있다.

전남을 대한민국 우주항공과 방위산업을 연결한 '우주-방위산업'의 핵심 성장 거점으로 만드는 일도 시작해야 한다. 우선 고흥에 제2우주센터를 반드시 조성해야 한다. 그래서 설계·조립·시험·발사에 이르는 모든 것이 가능한 인프라를 구축해 우주발사체 산업을 본격적으로 확대해야 할 것이다.

고흥의 제1·제2우주센터와 한화에어로스페이스를 유치하는 데 성공한 순천을 중심으로 고흥-순천을 잇는 라인을 '전남 우주항공산업 벨트'를 만들어 동부권의 새로운 성장 동력으로 삼아야 한다.

또한 고흥·보성·여수 축을 '우주·미사일 통합 시험특구'로 지정하고 드론, UAM, 위성, 무인해양체계, 레이저무기를 비롯한 우주산업과 연관된 미래 국방산업을 전남에서 키우는 전략도 본격적으로 논의할 때가 왔다.

미래의 신약이 전남에서 개발되고, 우주개발과 대한민국의 안보를 지키는 기술이 전남에서 탄생하고, 우주 자원을 개발하기 위한 발사체가 고흥에서 우주로 날아오르는 시대, 신정훈이 앞장서서 달려갈 각오가 되어 있다. 힘차게 우주로 날아오른 누리호처럼 우리 전남도, 하나 된 힘으로 누리호처럼 주저 없이 미래로 전진해 가야 할 것이다.

2025.11.27.
한국형 위성 발사체 '누리호' 네 번째 발사에 성공했다. 현장을 지켜보며 직접 찍은 사진이다. 누리호는 대한민국을 다시 희망으로 밀어 올리는 거대한 불기둥이었고 온갖 어려움을 견디고 날아오를 전남의 희망찬 미래였다.

2022.06.21.
누리호 발사 성공 장면

무안공항에
KTX역이 들어선다

○

전남도청이 무안으로 이전한 지 20년이다. 신도시가 들어서면 빠르면 5년 늦으면 10년 정도가 지나면 상권이 안정되고 상가와 사무실의 공실도 줄어든다고 한다. 그런데 도청이 있는 무안군 남악 신도시는 20년이 다 되어 가는데도, '임대'라는 큼지막한 현수막이 붙은 건물이 끝없이 이어지고 있다. 현재 전남의 현실을 상징하는 장면이기도 하다.

그런데 최근 전남 서부에 많은 변화가 있었다. AI 데이터센터도 해남에 들어온다. 그리고 광주·무안 통합공항이 확정되었다. 이제 무안공항을 중심으로 서부권 발전의 동력을 만들어야 할 때다. 무안을 명실상부한 도청소재지로 만드는데 광주·무안 통합공항이 큰 역할을 할 수 있을 것이다. 그 역할을 하도록 전남의 정치인과 도지사가 그렇게 만들어야 한다.

2025년 12월 17일은 전남의 항공 역사에 길이 남을 날이 될 것이다. 정부와 광주시·전남도·무안군이 이날 광주 군·민간공항의 무안 통합 이전에 합의한 것이다. 이재명 대통령께서 20년 묵은 난제를 취임 6개월 만에 그것도 군공항과 민간공항을 한꺼번에 묶어서 해결했다.

2026년 KTX 무안공항역이 개통되면 무안공항은 광주 도심에서 30분이면 도착할 수 있다. 무안공항은 더 이상 광주에서 '먼 공항'이 아니다. 김포공항이 '서울김포공항'이듯이 무안공항은 이미 '광주무안공항'이다. 시간과 거리의 장벽이 사실상 사라지는 것이다.

공항은 행정 경계로 이용하는 시설이 아니다. 접근성, 노선, 환승, 물류가 핵심이다. 이 기준에서 보면, 광주와 무안은 하나의 생활권이자 하나의 공항생활권으로 이미 통합되어 있다. 무안 쪽은 소음피해를 걱정하는 주민들이 많다. 피해를 최소화하는 방향으로 설계하고 완충지대를 더욱 넓히고, 피해 주민들에게 충분한 보상을 하는 방식으로 협의를 진행해서 해결해야 할 것이다.

무안공항 통합은 매우 중요한 의미가 있다. 우선 관광산업 측면에서만 한번 보자. 통합 무안공항의 출발은 외국인이 인천공항이나 김해공항을 경유하지 않고, 무안에 내릴 수 있는 길이 열린다는 것을 말한다. 이제 전남이 외국인 관광의 첫 목적지가 되는 것이다.

무안공항은 청주공항을 벤치마킹해야 한다. 최근 청주공항은 사람들이 붐비지 않고, 대기 줄이 길지 않아 빠르게 입·출국을 할 수 있고, 주변 환경도 쾌적해서 이용객이 많이 늘었다고 한다. 무안공항은 동남아 직항을 개선하면 인천공항에서 뜨는 비행기보다 이동거리도 짧고 항공료도 쌀 것으로 전망된다. 싸고 빠르고 쾌적한 공항을 왜 여행객이 외면하겠는가? 동남아를 중심으로 한 국제선 환승 허브로 발전하는 것도 가능하다.

나아가 무안공항을 이륙한 비행기가 여객과 물류를 싣고 유럽으로, 미국으로, 아프리카로 날 수 있어야 한다. 그러려면 가장 신경써야 할 공사가 있다. 활주로를 늘리는 일이다. 무안공항은 2025년 보잉 747이 이착륙할 수 있는 활주로 연장 사업을 마쳤다. 하지만 더 키워야 한다. 통합공항을 운영하려면 반드시 그렇게 해야 한다.

그리고 공항만 덩그러니 있으면 소용이 없다. 광역버스터미널과 주변지역 개발이 연쇄적으로 진행되어야 한다. KTX 문제는 해결되었으니 이제 광역버스터미널 계획을 세워야 한다. KTX 때문에 20여 년 만에 교통 허브가 된 광명시는 도심공항터미널, 버스터미널이 KTX역 옆에 바로 붙어 있다. 이렇게 교통 허브가 되면서 광명역세권에는 기업과 쇼핑몰이 몰려들고 있다.

KTX 무안공항역은 2026년 말 준공을 앞두고 있다. 무안공항은 현재 기존 2,800m 활주로를 3,160m로 연장하는 공사도 하고 있다. 이제 버스터미널만 들어서면 무안공항은 서남권의 글로벌 교통 허브가 될 수 있다. 무안에서 광주공항 이전을 반대하는 지역 주민을 위해서 전남은 광주와 협상해서 공항 이전에 따른 보상을 최대한 확보해야 한다.

무안공항 확장과 군 전투비행장, 광주 민간공항 이전과 함께 공항 주변 지역을 '무안공항 복합신도시'로 개발하고 이곳에 국제휴양업무지구와 RE100 국가산업단지를 유치하는 주변지역 종합개발이 필요하다. 청년 인재의 주거를 위한 주택단지가 들어서는 계획을 세워야 한다고 본다. 종합개발계획에는 무안국제공항 주변지역 개발계획, 무안항공특화 국가산업단지 조성, KTX 무안국제공항 역세권 개발, 버스터미널 유치까지 포함되어야 할 것이다.

통합공항 세부협상과 관련해서 전남은 몇 가지 원칙을 지켜야 한다. 첫째, 소음공해로 피해를 보게 될 주민들을 위한 충분한 보상 조치가 필요하다. 둘째, 무안군민과 전남 도민의 참여를 철저히 보장해야 한다. 셋째, 광주공항 통합에 따른 무안공항 주변 개발은 전남·광주권 전체의 비전과 전략에 맞춰 수립해야 한다. 넷째, 기후위기에 대응하기 위한 친환경적이고 지속가능한 개발계획을 원칙으로 해야 한다.

전남에는
왜 외국인 관광객이 없을까?

○

2025년 상반기 한국을 찾은 외국인 관광객은 약 882만 명으로 역대 최대치를 기록했다. 국가별로는 중국, 일본, 미국, 대만, 필리핀 순으로 많다. 특히 2024년 기준으로는 중국이 500만 명 이상으로 압도적인 1위를 차지하고 있고, 일본, 대만, 미국이 그 뒤를 잇고 있다.

돌아온 광주 하나 된 전남

그렇다면 중국 관광객 중 전남을 찾는 관광객은 얼마나 될까? 한국을 방문하는 중국 관광객 중 0.5%~1% 정도만 전남을 방문한다는 통계가 있다. 믿기지 않겠지만 이것이 전남의 외국인 관광 현실이다. 전남에 볼 것이 없어서 그럴까? 그건 아니다. 우리 전남에 왜 볼 것이 없겠는가?

　전남은 대한민국에서 가장 풍부한 문화관광 자산을 가진 지역 중 하나다. 다도해의 섬과 해안, 세계적인 정원과 습지, 남도 음식과 전통문화, 그리고 산업유산과 생태 자원까지, 어느 하나 빠지지 않는다. 문제는 전남에 관광 자원이 없어서가 아니라, 그 자원이 외국인 관광 시장과 제대로 연결되지 못하고 있다는 점이다.

　전남이 외국인 관광객이 없는 것이 '갈 만한 곳이 아니라서'가 아니라 '가고 싶어도 가기 어려운 곳'으로 알려져 있기 때문이다. 외국인 관광에서 가장 중요한 것은 관광지의 숫자나 명성보다 접근성과 구매 가능성이다. 외국인 관광객은 아름다운 장소를 찾아오기 이전에, 어떻게 이동할 수 있는지, 예약은 가능한지, 언어 장벽은 없는지, 일정이 안전하게 구성되는지를 먼저 고려한다. 이 부분에서 전남은 구조적인 약점을 안고 있다. 관광 자원은 분산되어 있고, 교통은 복잡하고, 외국인을 기준으로 한 표준화된 여행 코스와 예약 시스템은 별로 없다.

　전남 관광의 또 다른 특징은 '점'은 많지만 '선'과 '면'이 약하다는 점이다. 개별 관광지는 풍부하지만, 이를 2박 3일, 3박 4일로 묶어 외국인이 안심하고 선택할 수 있는 표준 코스로 제시하지 못하고 있다. 외국인 관광객은 단일 명소보다 이동·숙박·체험·식사가 하나의 흐름으로 설계된 여행을 선호한다. 전남 관광이 가진 분산형 구조는 장점이 될 수도 있지만, 기획 없이 방치하면 오히려 진입 장벽으로 작용하는 것이다.

따라서 우리 전남의 외국인 관광정책은 '홍보를 늘리는 전략'에서 '구매와 체류를 설계하는 전략'으로 전환해야 한다. 그러기 위해서는 첫째, 외국인 관광객을 대상으로 한 핵심 시장을 명확히 설정해야 한다. 단거리 재방문이 가능한 일본·대만, 체험과 가족 여행 수요가 큰 동남아, 자연과 슬로우 여행을 선호하는 미주·유럽 등 시장별로 접근 전략을 달리해야 한다. 모든 나라에 다 통하는 홍보 전략은 없다.

우선 전남을 대표할 수 있는 핵심 관광 경험을 국제 상품 수준으로 표준화해야 한다. 섬과 해안, 정원과 치유, 남도 미식, 야간관광, 전통문화, K-콘텐츠 촬영지 연계 등 전남이 강점을 가진 분야를 중심으로, 외국인이 실제로 구매할 수 있는 상품을 재구성해야 한다.

그리고 1박 관광을 2박 이상 체류로 전환하는 구조를 만들어야 한다. 이를 위해 서남권과 동부권을 중심으로 순환형 2박 3일 코스를 공식화하고, 교통, 입장, 체험을 묶은 외국인 전용 관광 패스를 도입할 필요가 있다. 외국인에게 여행의 가장 큰 불안 요소는 이동이다. 이동을 단순화하고 안전성을 높이면 체류는 자연스럽게

돌아온 광주 하나 된 전남

늘어난다.

다국어 예약과 결제가 가능한 통합 플랫폼 구축도 필수적이다. 외국인 관광은 정보 접근성과 결제 편의성이 확보되지 않으면 실제 방문으로 이어지지 않는다. 전남 차원의 통합 예약·결제 시스템을 구축하고, 글로벌 온라인 여행사와 연계해서 운영해야 한다. 동시에 외국인 친화 인증 제도를 통해 숙박, 음식점, 상점의 기본적인 응대 기준을 끌어올려야 하는 것은 기본적인 사항이다.

전남의 자연과 환경을 강점으로 한 고부가가치 관광으로 방향을 분명히 해야 한다. 섬과 해안의 슬로우 여행, 정원과 숲과 치유센터를 활용한 치유관광, 밤이 아름다운 야간 관광은 전남이 다른 지역과 차별화할 수 있는 핵심 분야다. 특히 외국인 관광객에게 머무를 이유를 제공하는 야간콘텐츠는 체류 연장과 소비 증가에 직접적인 효과가 있을 것이다.

한 장의 카드로 끊이지 않고 이어지는 교통 시스템도 갖춰야 한다. 전남과 광주가 연계해서 해결해야 할 과제이다. 공항, 항만, KTX, 버스를 티켓 한 장으로 묶어야 한다. 외국인이 전남에 들어오는 순간부터 이동에 시간이 걸리거나 길을 잃지 않도록 교통구조를 바꿔야 한다.

통합공항으로 출발하는 무안공항에 국제선을 늘리고, KTX와 시외버스를 타고 목포, 순천, 여수, 광양을 잇는 외국인 친화형 공항 연계 교통체계를 구축하는 것이 중요하다. 무안공항에 공항리

무진, 급행버스, 환승센터와 같은 인프라도 확충해야 한다.

외국인 관광 거점도시를 정하고 우선 이 도시들부터 집중적인 투자를 해야 한다. 전남은 넓다. 처음부터 모두 인프라를 갖추기는 힘들다. 현실적인 선택을 해야 한다. 외국인 관광지 표준 가이드라인을 정하고 먼저 3곳 정도를 외국인 관광도시로 지정하고 집중적인 투자를 해야 한다. 예를 들어 여수권은 해양·야간·크루즈·MICE 관광으로, 순천권은 정원·생태·치유 관광으로, 목포권은 섬·해양문화·근대역사·미식·크루즈 관광으로 설계할 수 있을 것이다.

전남에 외국인 관광객이 오지 않는 것은 자원이 부족해서가 아니라 전략이 부재해서다. 연결만 제대로 하면, 세계 관광 시장에서 충분한 경쟁력을 가질 수 있는 곳이 전남이다.

나는 순천-여수와 서부 다도해를 연결하는 '세계 치유관광 수도'를 구상하고 있다. 순천만 국가정원은 이미 세계가 주목하는 공간이다. 2023년 한 해에만 778만 명이 찾았고, 국제정원박람회를 통해 순천의 이름은 전 세계 정원 도시들과 어깨를 나란히 하고 있다. 이제 전남 전체가 국가 정원이 되어야 한다. 그것의 현실적이고 구체적 정책이 세계 치유관광 수도이다. 순천을 국제정원 EXPO 상설 개최지로 만들고 K-가든 산업을 수출산업으로 육성할 계획이다.

2026년 여수 세계섬박람회를 계기로 순천만 국가정원을 섬관광으로 연결, 전남의 2,200개 섬을 바닷속 치유정원으로 만드는 전략을 개발할 생각이다. 2026 세계섬박람회는 끝이 아니라 시작이다. 전남의 모든 섬을 대한민국 대표 관광지이자, 세계인이 찾는 진정한 보물섬으로 만드는 일을 전남에서 시작할 계획이다.

외국인 관광객을 유인하는 방법의 하나로 크루즈를 적극적으로 검토할 필요가 있다고 생각한다. 전남은 이미 한 번, '상해-목포 크루즈'의 꿈을 꾼 적이 있다. 운항이 오래가지 못했다. 재개를 시도했지만, 탑승객 부족으로 결국 좌초하고 말았다. 한번 실패했다고 전남이 크루즈를 포기할 필요는 없다. 하나하나 배가 들어올 조건을 갖춰나가면 된다.

우선 정기성 부족 문제를 해결해야 한다. 매주 또는 격주, 또는 월 1회 안정적으로 배가 출항을 해야 여행사가 상품을 만들고 소비자가 믿고 산다. 들쭉날쭉하면 안 된다. 체류형 상품을 만들어야 한다. 항만에 내렸는데 갈 데가 없으면 다시는 안 올 것이다. 통관, 수송, 다국어 서비스를 갖춰야 한다. 입출국, 버스, 가이드, 결제, 외국어 표지판을 한 덩어리로 준비해야 한다. 광역 연계 체계를 갖춰야 한다.

항만이 있는 목포, 여수, 광양만 준비한다고 되는 것이 아니다. 여수·순천·광양·신안·진도·해남·담양 등으로 연결되는 체류관광 루트를 만들어야 한다. 전문가들은 상해-여수·목포·광양-제주-후쿠오카 같은 환상형 크루즈는 가능성이 높다고 한다. 특히 새 정부 들어서 한중관계가 정상화되어 중국 관광객이 대거 늘어날 가능성이 높고 크루즈 관광객도 증가하고 있어, 전남은 더 적극적으로 상해-전남-후쿠오카 크루즈를 추진할 기회가 올 것이다.

2026.01.01.

여수 봉화산에서 병오년 새해를 맞았다. 노량해전의 결사항전 정신을 가슴에 새기며, 전남 대전환의 출발을 다짐했다.

4부

전남형 기본소득으로
지방소멸의 숨통을 열자!

청와대 농어업비서관이
된 사연

○

1987년 7월 마산교도소에서 출소한 후 고향으로 돌아와서 몸을 추스르던 내게 영산포 성당에서 활동하고 있었던 청년들에게서 연락이 왔다. 당시 성당은 농민 문제를 고민하던 청년 모임의 근거지였다.

1987년 10월 말, 우리는 수세(水稅) 거부 운동을 위해 철저히 '농민대중 속으로'를 실천했다. 전국의 농민들이 '농지개량조합'에 낸 수세가 어림잡아 1년에 대략 970억 원이 넘었다. 물세는 낮은 쌀값과 함께 농업인들에게 이중삼중의 고통이었다. 이렇게 수백 년 동안 농민들의 고혈을 빨아먹는 수세가, '신정훈 농민운동'의 출발점이었다.

우리 청년들은 나주지역의 수세 사례를 처음으로 조사했고, 농민들의 반대운동을 조직화해서 12월 12일 나주수세거부대책위원회(위원장 박상진)가 결성되었다. 이 무렵 나는 학생운동가에서 농민운동가로 완전히 바뀌었다. 수세 문제로 농민을 조직하는 일은 군사정권과 투쟁하는 것과 다르지 않다고 생각했다.

나주 농민 운동 주력이었던 청년 운동가들과 함께

1987년 12월 29일, 나주성당에서 열린 '부당 수세거부 나주 농민결의대회'는 나주수세거부운동의 전환점을 찍는 대사건이었다. 대회장인 나주성당 주변에 1만 명이나 모였다. 이 농민대회를 계기로 나주는 전국 수세 거부 운동의 중심이 되었다. 농촌 어디를 가도 농민대회와 수세는 큰 화젯거리였다. 그 힘을 바탕으로 1988년 11월 11일 '전국수세폐지대책위원회'가 결성되었다. 갑오농민군의 고장인 정읍의 이수금 회장이 위원장을, 내가 사무총장격인 총무를 맡게 되었다.

1989년 2월 13일, 여의도 농민대투쟁을 거쳐 수세는 300평당 나락 5킬로그램의 현물로 대체되었다. 1987년까지도 한해 923억 원에 달하던 수세가 총 197억 원으로 내려간 것이다. 하지만 우리는 여기서 멈추지 않았다. 지속적인 수세폐지 운동을 벌였고, 그 결과 1997년에 이 나라에서 수세는 완전히 없어졌다. 수세 거부 운동이 남긴 가장 큰 성과는 농민들의 의식이 바뀌었다는 점이다. 관을 향한 두려움을 극복한 농민들은 스스로 문제를 깨닫고 해결의 주체로 나서기 시작했다. 수세 거부 운동을 경험하며 조직된 농민회는 대중조직 건설의 모범이 되었다.

또 하나의 성과는 농지개량조합을 접수한 것이다. 수세 거부 운동의 힘으로 1989년 4월 1일 '농조 육성에 대한 특별조치법'이 개정되었다. 조합장은 임명제에서 대의원선거제로 바꾸었고 장기채를 완전히 탕감할 수 있게 되었다. 갑오농민전쟁의 도화선은 조병갑이 쌓은 만석보의 수세 때문이었다. 아쉽게도 동학농민군은 우금치 고개에서 막혔다. 하지만 나주에서 시작한 수세폐지운동은 결국 여의도까지 진출해 승전보를 울렸다. 농민들의 수세는 폐지되었고, 농민들의 수세로 운영되던 농지개량조합은 국가가 운영하는 한국농어촌공사가 되었다. 그리고 10년이 지난 후 의왕에 있던 농어촌공사의 본사가 나주혁신도시로 이전했으니 아이러니한 일이기도 했다.

세월을 건너뛰어 2017년으로 가보자. 5월 9일, 문재인 후보가 대선에서 승리했다. 나는 문재인 대통령과 가까이서 호흡을 맞출 수 있는 청와대 농어업비서관으로 임명되었다. 당시 내가 생각한 농정의 가장 중요한 과제는 첫째, 농수산물 가격 안정을 통한 농어민의 소득 보장, 둘째, 재해 피해가 발생하면 농어민들이 절망하지 않도록 하는 안전망 구축, 셋째, 일시에 엄청난 피해를 안기는 가축 전염병의 장기적이고 체계적인 관리였다.

문재인 대통령과
청와대에서

 문재인 정부 농정의 첫 번째 정책은 생산 조정에 의한 목표가격 인상이었다. 박근혜 정부 말, 쌀값이 12만 원대까지 떨어졌다. 그래도 거들떠보는 사람조차 없었다. 노동자의 최저임금에 관해서는 이야기하면서 농민들의 땀방울이 쌓여서 만든 쌀값 폭락 문제에 관해서는 별로 관심이 없었다.

 2016년 말 12만 8,000원이던 쌀값이 2017년에 18만 5,000원으로 상승한 후 정부가 제시한 목표가격 21만 원을 달성했다. 다른 물가가 이렇게 빨리 오르면 난리가 났을 텐데 별다른 항의가 없었다. 국민이 쌀값 문제에 상당 부분 공감하고 있었다는 의미로 나는 해석했다. 지금도 나는 문재인 정부 최고의 농정 성과는 단연코 쌀 값 정상화라 생각한다.

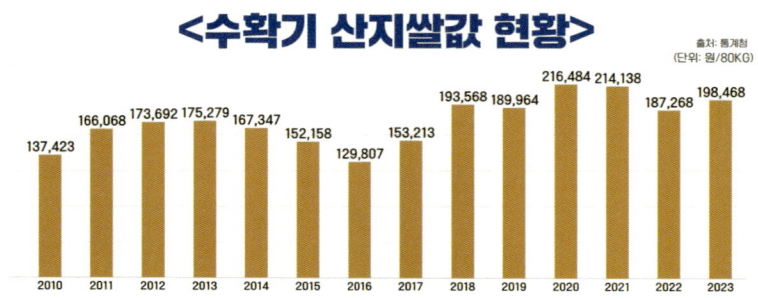

<수확기 산지쌀값 현황>

출처: 통계청
(단위: 원/80KG)

2010	2011	2012	2013	2014	2015	2016	2017	2018	2019	2020	2021	2022	2023
137,423	166,068	173,692	175,279	167,347	152,158	129,807	153,213	193,568	189,964	216,484	214,138	187,268	198,468

경북 봉화나 영주, 의성은 봄이면 우박 피해가 빈번하다. 2018년 우박 피해자들이 가을 내내 청와대 앞에서 항의했다. 이들은 농업재해대책법에 따라 피해를 보상받을 수 있었지만 보상기준이 20년 전 가격으로 책정되어 있었다. 나는 곧장 보상금액 현실화 방안을 마련했다.

과수는 당시 헥타르(ha)당 67만 원 선이었던 보상비를 300퍼센트 올려 199만 원으로 책정했다. 그리고 매년 5퍼센트씩 추가로 올리기로 했다. 농민에게 도움이 되는 정책이었다. 또 하나, 농촌 현실을 반영한 복구비 책정으로 2019년 나주지역은 저온 피해 복구비 48억 원과 가을철 태풍으로 인한 도복 피해, 낙과 피해 복구비 90억 원이 지급되었다. 제도의 변화가 농민들에게 얼마나 큰 도움이

돌아온 광주 하나 된 전남

되는지를 여실히 보여준 사례이다.

농어업비서관으로 재직하면서 과일 간식 사업도 만들었다. 어느 날 대통령과 점심을 먹으면서 '학교 과일 간식' 이야기를 꺼냈다. 김영란법이 시행되면서 농산물 명절 선물이 팔리지 않던 시기였다. 나는 대통령에게 두 가지 해결 방식을 제시했다. 하나는 김영란법 기준에 맞춰 농산물을 꾸려 '착한 선물'로 홍보해 수요를 만드는 것이었고, 다른 하나는 공공 분야에서 과일 간식을 확대하는 것이었다. 문재인 대통령은 농림부 업무 보고에서 가장 먼저 '학교 과일 간식'을 도입해 보라고 지시했다.

이후 2018년 8월 30일, 김현권 의원이 주도한 '식생활교육지원법' 개정안이 통과되었다. 초등학교에 과일 간식을 지원하기 위한 법적 근거를 만든 것이다. 이 사업이 시행되면서 아이들의 간식이 과자에서 과일로 바뀌었다. 나는 학생들의 건강도 지키고 미래 우리 농산물 소비자도 만들어 낸 것 같아 뿌듯한 자부심을 느꼈다.

농어업비서관으로 일한 시간은 현장에서 체득한 문제의식을 국가 정책으로 연결시키는 과정이었다. 또 작은 제도의 변화가 농민의 삶을 얼마나 크게 바꿀 수 있는지를 확인한 시간이었다. 농업을 지키는 일은 결국 국민의 먹거리와 국가의 미래를 지키는 일이다. 나는 그 책임의 무게를 온몸으로 배웠고, 그 신념은 지금도 변함없이 나의 정치와 정책의 출발점으로 남아 있다.

두 번의 거부권을 뚫고
제정된 양곡관리법

○

　2025년 12월 30일, 2025년산 공공비축미곡 매입 가격이 1등급 기준 40kg 포대당 8만160원으로 역대 최고 수준으로 결정되었다. 이는 2024년산(40kg 기준 63,510원)보다 26.2%나 오른 가격이다. 농업계에서는 오랜만에 의미 있는 성과라는 평가가 나왔다.

　이 가격 결정의 배경에는 시중 쌀값이 일정 수준 아래로 무너지지 않도록 구조를 바꾼 양곡관리법 개정 효과가 있다. 시장 가격을 지킬 수 있게 되면서 공공비축미곡 매입 가격도 자연스럽게 따라 올라갔다. 이는 쌀값 폭락을 막기 위한 제도 개편이 단순한 선언에 그치지 않고 실제 농가소득 안정으로 이어질 수 있다는 것을 증명한 사례이다.

　2025년 초 나는 두 가지 큰 과제를 놓고 분주하게 움직이고 있었다. 하나는 양곡관리법 개정, 다른 하나는 농어업회의소법 제정이었다. 두 법안 모두 농민들의 생존권과 직결된 문제였지만, 정치권의 관심은 미미했다. 행정안전위원회에 속해 있던 나는 농림축산식품해양수산위원회 소관 법안에 직접 개입하기는 어려웠지만, 그렇다고 손을 놓고 있을 수도 없었다.

양곡관리법 개정안의 핵심은 '쌀 의무매입 제도'였다. 풍년이 들면 쌀값이 폭락하고, 흉년이 들면 국민 전체가 고통받는 악순환을 막기 위해 정부가 매년 일정량의 쌀을 의무적으로 매입해 시장을 안정시키자는 것이 핵심 내용이었다.

기존 양곡관리법은 정부가 '적정 수준'의 쌀을 매입할 수 있도록 규정하고 있었지만, 그 '적정 수준'이 명확하지 않아 매입 여부와 규모가 정부 재량에 따라 들쭉날쭉했다. 2023년 쌀값 폭락 사태 당시에도 정부는 매입을 주저했고, 그 피해는 고스란히 농민들에게 돌아갔다. 개정안은 이러한 문제를 해결하기 위해 '초과 생산량'을 명확히 정의하고, 그에 해당하는 물량은 정부가 의무적으로 매입하도록 하는 내용을 담고 있었다.

민주당은 이 법안을 21대 국회 때부터 계속 추진해 왔다. 2022년 국회를 통과시키는 데까지는 성공했지만, 윤석열 대통령이 거부권을 행사했다. 2023년 재의결을 시도했으나 국민의힘의 반대로 무산되었다.

2023.03.23.
국회 본회의장에서 양곡관리법 대표 설명, 법안이 통과되었다.

2024년 22대 국회가 출범하면서 민주당은 다시 양곡관리법 개정을 최우선 과제로 설정했다. 나는 농림수산위원회 소속 동료 의원들과 긴밀히 협력하며 법안 통과를 위해 노력했다. 당내 토론회에서는 행정과 지방자치의 관점에서 양곡관리법이 갖는 의미를 강조했다. 결국 법안은 국회를 통과했고, 쌀값을 안정시키고 공공비축미곡 매입 가격을 역대 최고 수준으로 올릴 수 있었다.

나는 농업을 과거의 산업이 아니라 AI 이후 시대를 책임질 전략산업으로 본다. 하지만 농업이 미래 산업이 되기 위해서는 기본적으로 농업인의 소득이 안정적으로 보장되어야 한다. 쌀값이 폭락

할 때마다 농민이 생계를 걱정해야 하는 구조에서는 어떤 기술 혁신도 지속될 수 없다. 양곡관리법은 쌀값의 급격한 폭락을 막아 농가소득을 안정시키고, 농업을 미래 산업으로 전환하기 위한 최소한의 토대가 되는 법이다.

양곡관리법만큼이나 중요한 것이 바로 '농어업회의소' 법안이었다. 유럽의 농업 선진국들은 이미 이러한 제도를 통해 농민의 권익을 보호하고 정책의 실효성을 높이고 있었다. 하지만 우리 농민들은 정책 결정 과정에서 늘 주변부에 머물렀고, 현장의 목소리는 충분히 반영되지 못했다.

나는 중앙정부에서 설계된 농업 정책이 지역 현장과 괴리되는 경우를 수없이 보아 왔다. 서울의 관료가 책상 앞에서 만든 정책은 전남의 들판에서는 제대로 작동하지 않는 경우가 많았다. 농민의 목소리를 직접 정책에 반영할 수 있는 제도적 통로가 반드시 필요했다. 2024년 민주당은 양곡관리법과 함께 농어업회의소법을 당론으로 추진했다. 나는 당내 토론회와 입법 과정에서 법안의 필요성을 적극적으로 설명했다.

"상공회의소는 있는데 농어업회의소는 왜 없는가. 농어민도 대한민국 국민이다. 그들의 목소리를 제도적으로 보장해야 한다. 이것은 민주주의의 기본이다."

하지만 농어업회의소법은 2024년 5월 28일 21대 국회 본회의를 통과했지만, 대통령의 거부권 행사로 최종 관문을 넘지 못하고 폐

기되어 22대 국회에서 다시 논의될 예정이다.

나는 분명히 다짐한다. 농어업회의소법도 제정해 농업의 구조를 근본적으로 바꿀 것이다. 청년이 돌아오고, 농사로 먹고살 수 있으며, 농민의 목소리가 정책의 중심에 서는 농촌을 만들 것이다.

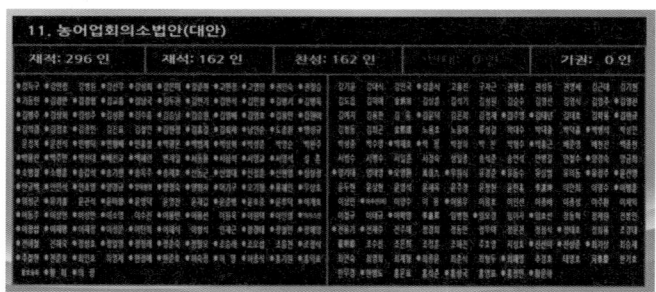

2024.05.29.
제21대 마지막 본회의에서 21대 국회 1호 법안이 통과되었다.

행안위원장 첫 임무,
민생회복지원금

○

나는 왜 22대 국회에서 농림해양수산위원회가 아니라 행정안전위원회를 선택했는가? 19대와 21대 국회에서 이미 농해수위를 해봤던 이유도 있었지만, 무엇보다 농촌 문제와 지방 문제는 동전의 양면이기 때문이다.

지방이라는 공간에는 계층 간의 격차와 지역 간의 격차, 도농 간의 격차가 중첩되어 있다. 내가 농촌(농업)을 전공했다는 것은 곧 지방을 전공했다는 의미였다. 더구나 나는 지방자치 현장에서 민주당 공천도 받지 않고 무소속으로 광역의원 두 차례, 단체장 두 차례를 지냈다. 지방의 문제를 현장에서 치열하게 경험했고, 그 문제를 해결하기 위해 노력했다.

또 하나, 당시 윤석열 정부의 '목련꽃 필 무렵이면 김포가 서울이다'라는 발상에 정면으로 맞서야 했다. 그렇지 않아도 서울은 과밀이고 비대해져 있는데, 서울을 더 키우겠다는 정권에 맞서 지방소멸 문제를 해결하고 지방의 문제를 풀어야 한다는 절박함이 나를 행안위로 이끌었다.

나는 1지망으로 행안위원회를 신청했다. 그런데 며칠 뒤 당 지도부로부터 행안위원장직을 맡아 달라는 제안을 받았다. 이 대통령의 의중도 실려 있었다. 행안위원장은 단순히 회의를 주재하는 자리가 아니다. 정부의 행정 시스템을 감시하고, 재난과 안전, 지방의 생존, 국민의 권리를 지켜내야 하는 자리다. 누군가에게는 '정쟁의 무대'일지 몰라도, 나에게는 국가의 균형을 바로 세우는 자리였다. 막중한 책임감을 느꼈다. 게다가 나는 광주·전남 18명 국회의원 중 단 한 명의 상임위원장이었다.

2024.06.10.
국회 행정안전위원회 위원장에 선출되어 본회의에서 당선 소감을 밝혔다.

2024년 6월 10일 오전 10시 48분. 국회 본회의장. 행정안전위원장 선출 투표 결과가 전광판에 떴다. '신정훈 의원 당선' 최다득표였다. 190명의 국회의원이 나에게 표를 주었다. 박수가 터졌다. 동료 의원들이 악수를 청했다. 의원들의 축하를 받는 동안 머릿속에는 이미 해야 할 일들이 지나가고 있었다.

전남 22개 시군 중 18개 소멸위험지역, 이태원 참사 159명, 오송 지하차도 참사 14명, 시대착오적 윤 정권과 여당… 할 일이 태산이었다.

행안위원장으로서 내가 반드시 해야 할 첫 번째 과제는 '민생회복지원금'이었다. 코로나19팬데믹보다 더 힘든 상황이었다. 지방 중소도시에 가보면 '임대'라고 써 붙인 건물들이 50%가 넘었다. 서울도 마찬가지였다. 국민의 삶을 진작시키고 경기를 회복시켜야 했다.

대통령의 입장을 고려해 선별 지원안으로 완화했지만, 국민의힘은 그조차 반대했다. 정치관계법, 양곡관리법, 민생회복지원금…. 전부 그랬고, 모두 반대했다. 21대 국회에서 14차례 거부권, 김도읍 법사위원장의 직무유기, 국민은 이 모두를 22대 총선에서 심판했다. 입법권의 부재를 해결하라는 명령이었다.

2025년 6월 13일. 제22대 전반기 행정안전위원회 첫 전체 회의가 열렸다. 위원장석에 앉아 회의장을 둘러보는 순간, 가슴이 먹먹했다. 국민의힘 위원들의 자리가 텅 비어 있었다. 원 구성 협상이 결렬되면서 야당 단독으로 11개 상임위원장을 선출했고, 여당은 보이콧으로 맞섰다.

6월 24일, 여야 의원들이 제출한 민생회복지원금 관련 법안들이 행안위로 회부됐다. 지역사랑상품권법 개정안, 지역화폐 예산지원 법안도 동시에 접수됐다. 핵심 쟁점은 중앙정부와 지방정부의 재원 분담 비율이었다. 정부 원안은 중앙정부 10조 3천억 원, 지방정부 2조 9천억 원을 부담하는 구조였다. 이 구조가 문제라고 봤다. 지 방비 부담을 강요하는 순간, 지원금은 절반으로 쪼개진다. 재정 여 력이 없는 지자체는 아예 포기하거나 축소할 수밖에 없다.

7월 3일, 행안위 법안심사소위에서 첫 논의가 시작됐다. 행안부 와 기재부가 참석했다. 예상대로 기재부는 재정 여력이 없다고 했 다. "국가채무가 증가한다"는 논리였다. "지방에 떠넘겨서는 민생회 복지원금이 아니라 '민생전가지원금'이 된다." 나는 지방자치단체 의 실질 재정 여건을 제시하며 국비 책임을 요구했다. 8월 2일, 다 시 여야 간사 협의가 비공개로 진행됐다. 여당은 취약계층 선별 지 원을 주장했고, 야당은 전 국민 보편 지급과 국비 중심 부담을 주 장했다. 나는 보편지원이냐 선별지원이냐 이전에 중요한 것은 신속 한 결정이라는 것을 여야 간사들에게 재차 강조했다.

마침내 2025년 7월 1일 오후 4시 14분. 행정안전위원회에서 13 조 2천억 원 규모 민생회복지원금 추경안이 여야 합의로 의결됐다. 가장 중요한 변화는 지방비 부담 조항이 삭제됐다는 점이다. 지급 대상과 액수도 확정됐다. 전 국민에게 지급하되, 소득 상위 10%는

15만 원, 일반 국민 25만 원, 차상위·한부모가정 40만 원, 기초생활수급자 50만 원. 그리고 무엇보다 힘들어하는 농어촌 지역에 1인당 추가 2만 원을 지급하기로 했다. 이재명 대통령의 대선 공약이었던 지역화폐 예산 6천억 원도 원안대로 통과됐다. 국민은 이미 벼랑 끝에 내몰려 있었는데, 법안 통과까지 너무 오래 국민을 기다리게 해서 송구한 마음이었다.

국회 행정안전위원회 전체회의. 2025년도 제1회 추가경정예산안을 상정했다.(사진/연합뉴스)

수산·양식업을
'저탄소 식량 산업' 모델로

◯

수산업과 양식업의 혁신도 중요한 과제다. 우선 해조류, 수산 부산물, 해양 미생물을 활용한 해양 바이오·기능성식품 산업을 전략적으로 육성하는 것이 필요하다. 나는 바다 데이터를 공공자산으로 만들기 위한 '전남 해양 데이터 플랫폼'을 구축할 생각이다. 전남 바다는 세계 최고 수준의 생산 현장이고 자원의 보고이지만, 데이터는 흩어져 있다. 수온, 염분, 조류, 어장 정보, 질병 발생, 양식 성과 데이터가 개별 어가와 기업, 기관에 파편화되어 있다. 이런 구조를 근본적으로 바꾸어야 한다.

전남의 전 해역을 대상으로 위성·드론·해양센서 기반 해양 환경 데이터, 양식·어획·질병·생산성 데이터, 기후변화 영향 데이터를 통합해야 한다는 생각이다. 이 데이터는 양식 생산 예측, 질병 조기

경보, 어장 관리 고도화, 해양 바이오 연구, 보험·금융 연계까지 확장되는 공공 데이터 자산 기능을 할 것이다. 농업에 데이터 농정이 필요하듯, 수산업에도 데이터 수산 정책이 필요하다. 전남에서 그 기준을 만들 계획이다.

공동양식, 공동가공, 공동브랜드와 같은 '공공 인프라 모델'도 도입할 계획이다. 지금의 수산업은 개인에게 모든 리스크를 떠넘기는 구조다. 시설 투자, 피해, 가격 폭락을 어민 혼자 감당하고 있다. 이 구조를 바꿔야 한다. 전남도가 주도해 스마트 공동양식장, 공공 가공·저장·냉동 시설, 공공 브랜드와 수출 플랫폼을 구축해야 한다.

어민은 생산에 집중하고 가공·저장·유통·수출은 공공 인프라가 뒷받침하는 구조를 갖추어야 수산업이 지속가능할 수 있다. 이를 위해서는 수산·양식 스타트업 전용 펀드가 필요하다. 전남에는 기술은 있으나 자본이 부족하고, 아이디어는 있으나 시장으로 가지 못하는 청년과 연구자가 많다. 이 간극을 전남도가 펀드를 만들어 메워주어야 한다. 통합지방정부 주도로 해양 바이오, 스마트 양식, 미래식품, 수산 가공·유통 기술에 특화된 혁신 펀드를 만들 생각이다. 이 펀드는 초기 실증, 시제품 생산, 글로벌 진출까지 연계 지원하는 전남형 산업 펀드 기능을 하게 될 것이다. 전남 바다에서 기술이 태어나고 전남에서 기업이 성장하고 전남에서 일자리가 만들어질 수 있도록 펀드운용의 성과를 높이도록 하겠다.

에너지산업을 연계한 수산업 복합단지 조성도 검토하고 있다. 수

산업을 에너지 전환 전략과 결합하면 수산업은 식량 산업이자 에너지산업이 될 수 있다. 수산 부산물 기반 바이오가스, 양식장 연계 태양광·해상풍력, 저온 폐열 활용 수산 가공을 결합한 해양 순환 에너지 모델을 전남에서 구현할 생각이다.

이런 사업을 통해 에너지 비용 절감, 탄소 감축, ESG 수출 경쟁력을 동시에 확보할 수 있다. 전남 수산업을 '저탄소 식량 산업'의 글로벌 모델로 만들 수 있을 것이다

해조류·해양 단백질 기반 대체식품 육성도 주요 정책이 될 것이다. 대체육·배양육 시대에 바다는 미래 단백질의 보고이다. 전문가들은 2040년 전후 전통 축산 비중이 크게 줄고, 대체 단백질이 식품산업의 중심으로 이동할 것으로 전망한다.

나는 해조류, 해양 단백질, 해양 미생물 기반의 저탄소·고영양 대체식품을 전남의 전략 산업으로 키울 계획이다. 전남의 바다에서 시작된 혁신이 전남의 일자리와 소득을 만들고, 대한민국의 식량 안보를 지키는 새로운 성장 동력이 되도록 신정훈이 책임지고 완성할 생각이다.

왜 전남지사는
농어촌 기본소득에 자신 없나?

○

　나는 오래전부터 '농어촌 기본소득'을 주장해 왔다. 농어촌 기본
소득은 이재명 대통령이 대표 시절부터 전남도당위원장이었던 내
게 전남이든 전북이든 시범사업 형태로라도 해봤으면 좋겠다며 지
속적으로 요청해왔던 '이재명표 정책'이기도 하다. 나는 당 대표의
그런 요청을 전남에서 어떻게 구현해낼 것인가를 고민하며 민주당
전남도당 내에 기본소득 추진 특별위원회를 구성해서 '전남형 기
본소득 추진 방안'에 대한 연구 용역을 진행시켰다.

　담양 출신으로 전남도의회 농수산위원회에서 활동하던 이규현
도의원이 특위 위원장을 맡아 연구 용역을 실시하고 여러 차례 토
론회도 진행했다. 용역 결과가 나온 뒤에는 집행부인 전남도에 전
달해서 전남도가 기본소득 시범사업을 꼭 해줬으면 좋겠다는 의사

를 간곡하게 전달했다. 지금 생각해도 참으로 아쉽고 안타까운 것은, 당시 김영록 전남지사가 기본소득 시범사업을 추진해 달라며 협의를 요청한 민주당 전남도당과의 대화의 자리까지 거절한 일이다. "기본소득에 관한 이야기라면 안 만나겠습니다"라는 메시지까지 전달받았으니 나로서는 실망감이 이루 말할 수 없었다. 심지어 이재명 대표가 당정협의회에 참석한 김 지사에게 "전남도당에서 추진하고 있는 기본소득 추진 방안에 대해서 지사님께서 적극적으로 도와주십시오!"라고까지 말했지만 김 지사는 끝까지 즉답을 하지 않았다. 기본소득 시범사업을 진행할 생각보다는 복지 등 기존 예산이 정해져 있어 현실적으로 어렵다는 이유를 들어 뭉개기에 바빴다. 그 때문에 기본소득 문제를 나와 협의하던 이재명 대표가 "전남도지사는 기본소득 안 하겠네요"라고 내게 이야기한 적도 있었다. 지사가 요지부동이니 방법이 없었다.

나는 깊은 궁리 끝에 우회하는 방법을 택했다. 2024년 10월 16일 치러지는 영광군수와 곡성군수 재선거를 기회로 삼았다. 투표일에 앞서 민주당 후보로 결정된 두 사람에게 민주당 대표와 기본소득 추진을 위한 MOU(업무협약 양해각서)를 체결하도록 한 것이다. 나로서는 묘수를 낸 것이었다.

2024.09.23.
영광·곡성 재보궐 선거에서 더불어민주당 소속 단체장 후보와 지방소멸 극복 기본사회 시범도시 5대 패키지 협약식을 가졌다.

　그리고, 2024년 10월 21일 국회 행정안전위원회가 진행하는 전남도에 대한 국정감사가 진행됐다. 여당인 국민의힘 의원들은 예의 민주당과 이재명 대표를 비판하며 공격적 질의를 계속했다. '이재명의 기본소득 같은 현금성 지원은 포퓰리즘 아닌가? 도지사는 어떻게 생각하는가?'라는 취지의 질문에 김 지사는 별다른 반박 없이 시인도 부인도 하지 않는 애매한 태도를 취했다. 보기에 따라서는 이재명 대표의 기본소득 정책이나 민생회복 현금성 지원정책을 비판하는 국민의힘에 동조하는 것으로 느껴질 정도였다.

행정안전위원장으로서 회의 진행을 맡고 있던 나는 보다 못해 김 지사에게 "아니. 지사님! 민주당의 기본소득 정책에 대해 그렇게 자신이 없습니까?"라고 한마디 한 다음 덧붙였다.

"기본소득 문제는 민주당에서 이번 재선거 공약으로 내걸었는데, 지사님이 여당 의원들의 지적에 굉장히 자신 없어 하는 느낌이 듭니다. 지사께서 기본소득 재원 부족과 정부 지원이 부족하다고 하셨는데, 전남도의 재정 구조조정이나 개혁을 통해서 얼마든지 가능합니다. 행안부 자료에 의하면, 전국 224개 기초 자치단체 세출 평균은 1인당 600만 원 수준입니다. 그런데 전남 영광은 1인당 1,500만 원, 곡성은 2,000만 원입니다. 전국 평균의 3~4배예요. 얼마든지 재정 구조조정이나, 개혁을 통해 할 수 있는 여건입니다. 그래서 우리 당에서 공약으로 내걸었습니다. 그런데 마치 기본소득이 써야 할 돈 못 쓰게 하고 현금 살포 정책이다, 이렇게 이야기하는데 저는 여기에 동의하지 않습니다. 그래도 기본소득 관련 시범사업을 해볼 의향이 없습니까?"

내가 기본소득 시범사업에 대한 김 지사의 소극적 태도를 문제 삼자 김 지사가 이렇게 대꾸했다.

"전남의 세출은 도민 1인당 1,255만 원입니다. 신 위원장님도 (나주)시장을 해보셨으니까 아실 것 아닙니까? 복지 등 예산 용도가 대부분 정해져 있어 현실적으로 어렵다는 것을 알고 있지 않습니까?"

애가 탄 나는 "전남도 세출 예산 대부분이 SOC(도로 등 사회간 접자본) 중심 아닙니까! 기본소득제도 시범 도입을 통해 지역 소비를 촉진하고 이를 통해 지역 경제를 선순환하는 구조로 한번 바꿔 보십시다"라고 제안했지만 김 지사의 마음을 돌려놓는 데는 실패했다.

2024.10.21.
전남도 국정감사에서 나는 행정안전위원장으로서 전남도가 민주당 주요 정책인 기본소득 시범사업을 받아들일 의지가 부족하다고 지적했다.

나로서는 민주당 소속 단체장이 이끄는 전남도가 민주당의 주요 정책 수용을 주저하는 이러한 모습을 쉽게 납득하기 어려웠다. 김 지사가 이끄는 도정은 주요 정책의 정체성 측면에서 민주당과 거리가 있다는 생각을 굳힌 때이기도 했다.

나는 전남·광주의 두 리더들이 지역의 현안을 정면으로 돌파하려는 의지가 부족하다고 본다. 2025년 6월로 기억한다. 이재명 대통령이 당선 이후 첫 타운홀 미팅을 호남지역에서 개최했다. 당연히 광주시장과 전남지사도 참석했다. 나는 기대가 아주 컸다. 역대 대통령들이 전혀 하지 않은 호남과 대통령의 직접 소통, 많은 이슈가 나오고 해결의 실마리를 찾을 수 있을 것이라 보았다.

그런데 결과는 실망이었다. 전남과 광주의 비전을 중앙정부와 광주시, 전남도가 공유하고 혁신의 엔진이 본격적으로 돌아갈 줄 알았는데 그게 아니었다. 대통령이 직접 판을 깔아주고 '먹고살 길'을 물었지만, 시장도, 도지사도 구체적인 실행계획 하나를 내놓지 못했다. TV로 지켜보던 광주시민과 전남도민들은 실망감을 감출 수 없었다.

지금처럼 중앙정부에 의존하는 하향식 분권으로는 전남·광주가 살아남을 수 없다. 전남광주 공동체가 한마음으로 똘똘 뭉쳐 우리 힘으로 뭔가 해 보겠다는 자립 의지가 절실하다. 호남이 주도해서 중앙을 흔들겠다는 포부와 비전, 오기가 있어야 한다.

결국 나는 이재명 정부가 들어서자마자 용혜인 의원과 함께 전국의 농어촌 읍·면 지역에 1년 이상 거주한 주민에게 월 30만 원, 연 360만 원 수준의 기본소득을 지급하는 '농어촌기본소득법'을 공동 발의해 통과시켰고, 이재명 대통령은 법이 통과되기도 전에 2천억 원에 이르는 예산을 세워 시범사업을 시작했다.

'농어촌 기본소득'은
청년 정착을 위한 투자

◯

농어촌 기본소득은 단순한 복지정책이 아니라 지방소멸과 식량안보, 국가 생존을 동시에 해결하는 국가 전략으로 봐야 한다. 청년 농업인은 단순히 농산물을 생산하는 사람이 아니다. 기후위기 시대에 새로운 품종을 실험하고, 스마트농업을 도입하고 농산물 가공과 유통까지 연결하는 미래 산업의 주체다. 그런 청년들에게 최소한의 소득 안전망이라도 제공하자는 것이 농어촌 기본소득이다.

나는 전남에 농어촌 기본소득을 전면적으로 도입할 수 있다고 본다. 읍면에 사는 주민들에게 기본소득을 지급할 경우 비용은 얼마나 들어갈까? 대상 지역 읍·면 거주자 개인에게 월 15만 원씩, 연 180만 원을 지급하는 것으로 하고, 지급방식은 지역 내에서 쓰도록 설계한 부스터 지역화폐로 설계해봤다. 단계별로 1단계 소멸 고

위험 심화 읍면만 지급할 경우, 연간 약 3,330억 원, 2단계 2차 확대할 경우 약 8,966억 원, 3단계 3차 확대할 경우 약 1조 4,507억 원, 4단계 읍·면 지역 전체에 적용을 경우 약 1조 6,408억 원이 소요되는 것으로 추정됐다. 어느 범위까지 확대하느냐에 따라 연 3천억 원에서 1조 6천억 원까지 재정 소요가 커지는 것을 알 수 있다.

2025.08.26.
국회 소통관에서 농어촌기본소득법 공동 발의 기자회견을 가졌다.

초기에 한꺼번에 모든 읍면에 지급할 경우 재원 부담이 매우 클 것이다. 따라서 전남형 농어촌 기본소득은 2025년을 도입 원년으로 삼아 시범사업을 본사업으로 전환하고, 인구감소·소멸 고위험 읍·면부터 단계적으로 확대해야 한다. 고흥, 고흥, 보성, 함평, 강진 같은 지역부터 우선 도입하는 것을 원칙으로 해야 한다. 광주전남 통합 인센티브로 연간 5조 원을 지급한다고 한다. 이 돈의 일부는 농어촌 기본소득에 투입할 수 있다고 본다. 분기별로 지급할 수도 있고, 반기별로 지급할 수도 있다.

재정 여건이 넉넉하지 않은 지방에서도 뜻만 있고 철학만 있으면 농어촌 기본소득에 필요한 재원을 만든 사례가 있다. 바로 전북 정읍시의 민생회복지원금이다. 나는 정읍시의 민생회복지원금 사례를 매우 높게 평가하고 있다. 정읍시는 이 사례로 10억 원의 포상금도 받았다. 정읍시는 재정자립도가 높지 않은 도시다. 그럼에도 불구하고 2024년 정읍시는 전 시민에게 1인당 30만 원의 민생회복지원금을 지급했다. 시는 지원금으로 총 308억 원을 투입했으며, 지급 방식은 지역상품권(정읍사랑상품권) 선불카드 형태였다.

2025.01.15.
이학수 정읍시장이 참좋은지방정부위원회 단체장 간담회에서 예산절감 사례발표를 하고 있다.

정읍시는 이 재원을 어떻게 마련했을까? 알아봤더니 기존 예산을 원점에서 재검토하고 불필요한 사업을 과감히 정리했다. 국·도비를 확보하고 특별회계, 순세계 잉여금까지 동원했다. 시는 불요불급한 지출을 줄여 220억 원을 절감했으며, 예산 재편과 국·도비 확보 등을 통해 총 429억 원의 재원을 확보했다. 이 가운데 305억 원을 민생회복지원금 예산으로 투입한 것이다.

이렇게 마련된 민생회복지원금은 단순히 소비자를 향한 '현금 살포'가 아니었다. 대한경영정보학회 학술지에 실린 연구 자료에 따르면, 정읍시민의 약 69%가 해당 지원금을 추가 지출로 이어갔으며, 평균적으로 지원금 외에 약 39만 원을 추가로 소비했다. 민생회복지원금이 소비 심리 회복과 지역 상권 활성화에 긍정적 영향을 미친 것이다. 전남 역시 농어촌 기본소득 도입과 같은 대담한 민생 정책을 추진할 충분한 여력이 있다고 생각하다.

전남 농어촌 기본소득의 재원은 조합형·다원형 구조로 충분히 설계가 가능하다. 우선, 도비 구조 조정 재원을 활용할 것이다. 전남 예산 가운데 성과가 불분명한 반복사업, 실적 위주의 토건·시설 사업을 정리해 사람 중심 정책으로 전환해야 한다. 기존 농정예산과 인구소멸 대응 예산을 구조 조정해야 한다.

국비를 가져와서 기본소득 재원에 써야 한다. 농림·복지·에너지·균형발전 국비 사업을 농어촌 기본소득과 연동해 설계해야 한다. 중앙정부 정책을 '따라가는 전남'이 아니라, 설계를 들고 가서 요구하는 전남으로 바꿔야 한다.

기금 통합·재설계도 재원에 도움이 된다. 목적을 상실한 각종 기금과 특별회계를 재구조화해 '농어촌 지속가능기금'으로 묶을 수 있다. 기금은 쌓아두는 돈이 아니라, 위기에 쓰라고 있는 돈이다. 지방소멸대응기금 중 소멸 대응을 명분으로 하면서 정작 사람에게 쓰이지 않는 예산을 현금성 소득 보장으로 전환하는 것을 검토해야 한다.

재생에너지나 공공자산 이익 공유 재원도 활용할 수 있다. 전남은 신재생에너지가 가장 많고 잠재력도 가장 높은 도시다. 에너지로 돈을 벌면, 그 이익은 지역 주민에게 돌아가야 한다. 에너지 개발이익 일부도 농어촌 기본소득 재원으로 연결할 수 있다.

이 네 가지를 묶으면, 농어촌 기본소득 재원은 충분히 확보할 수 있을 것이다. 농어촌 기본소득을 말하면 반드시 따라오는 비판이 있다. "포퓰리즘 아니냐, 재정 파탄 나려고 작정했냐?"는 말이다. 나의 대답은 이렇다. 이것은 선심성 정책이 아니다. 농어촌 기본소득은 표를 사기 위한 정책이 아니라, 농어촌과 전남에 사람을 남기기 위한 정책이다. 사람이 떠난 지역에 어떤 성장도 없다. 농어촌 기본소득은 지역화폐, 지역 소비와 연계해 설계할 것이다. 디지털 부스터 지역화폐로 지급해서 지역 안에서 돈이 여러 번 돌 수 있도록 설계할 계획이다.

지역사랑상품권을
'공동체 화폐'로

○

현재 지역사랑상품권(지역화폐) 가맹점은 연 매출 30억 원 이하로 제한되어 있다. 이 기준은 대도시에서는 일정 부분 타당할 수 있지만, 군 단위 지자체나 소규모 지역에서는 오히려 사용처를 찾지 못해 상품권을 쓰지 못하는 일이 발생하고 있다.

특히 군 지역일수록 대형마트나 중견 기업체가 사실상 지역의 핵심 소비처 역할을 하는 경우가 많은데, 이들이 가맹점에서 배제되면서 주민들은 쓸 곳이 없는 상품권을 받는 상황에 놓이고 있다. 그 결과 지역화폐가 지역 내 격차를 완화하기는커녕, 역설적으로 지역 간·계층 간 불균형을 심화시키고 있다.

이런 문제를 해결하기 위해 나는 지역사랑상품권법 개정안을 냈고, 현재 국회 본회의 통과를 앞두고 있다. 법률안은 농어촌과 도서 지역 면 단위에 있는 생산자단체가 운영하는 하나로마트도 가맹점에 포함하자는 것이다. 사실 여기를 제외하면 필요한 물품을 구할 수 있는 가게가 거의 없는 곳이 너무 많다.

전국 리(里) 단위 3만 7,563곳 중 73.5%에 식료품점이 단 한 곳도 없다. 전남은 83.3%, 여수는 50%~70%가 식품사막이다. 이런 곳에서 하나로마트마저 이용할 수 없다면 상품권은 그냥 한낱 '종이쪼가리'일 뿐이다.

식료품점조차 없는 농어촌·도서 지역에 사는 분들은 우리 사회의 가장 약자이다. 식료품을 살 가게가 없는 마을, 약을 사러 나가기도 어려운 섬 지역, 거동이 불편해 읍내에도 나가기 어려워 장보기를 포기한 분들이고 대부분 고령 노인, 홀몸 어르신, 소득이 낮은 저소득층이다. 이렇게 힘든 삶을 사는 사람들을 더 힘들게 해서야 되겠는가?

나는 소상공인·전통시장 상인들의 걱정을 잘 알고 있다. 그래서 국회 행정안전위원장으로서, 법안 심사 과정에서 적용 대상을 농어촌·도서 지역의 면으로 엄격히 제한했고, 소상공인과 전통시장에 피해가 발생하지 않도록 하겠다고 약속하기도 했다.

2026년 예산에 지역사랑상품권 예산은 1조 1천5백억 원이 책정되어 있다. 이 돈으로 25조 원 규모의 상품권을 발행할 예정이다. 이 상품권이 물건을 구매할 곳이 없어 사용하지 못하는 일이 있으면 안 된다. 하루속히 법률안이 통과되어 이 문제를 조금이나마 해결했으면 좋겠다.

하지만 지역사랑상품권은 근본적인 개선이 필요하다. 사실 사람들이 '화폐'라는 이름을 붙이지만, 엄밀히 말해서 지역사랑상품권은 일회성 할인 상품권일 뿐이다. 지역화폐를 이제 '진짜 돈'으로 만들어야 한다. 지역화폐는 한 번 쓰고 끝난다. 공동체 안에서 여러 차례 순환되는 '공동체 화폐'로서의 기능을 거의 하지 못하고 있다.

2025.10.01.
순천 아랫장을 찾아 상인 및 시민들과 소통하며 지역화폐로 물건을 구매했다.

지역화폐를 '지역 소비를 촉진하는 수단'에서 '공동체를 만드는 수단'으로 발전시켜야 할 때가 되었다. 그런 의미에서 나는 지역화폐를 돌봄 화폐, 건강 화폐, 시간 화폐와 연결하는 통합 모델을 생각하고 있다. 이웃을 돌보고, 자신의 건강을 관리하고, 지역사회에 기여한 시간을 지역화폐로 환산해서 돌고 돌게 만드는 구조를 만들어야 한다. 일회성 상품권에서 벗어나, 다회성 순환 구조를 가진 공동체 화폐로 전환하는 것이 필요하다.

우선 아이 돌봄, 노인 돌봄, 장애인 지원 등 사회적 돌봄 활동에 참여한 시간을 돌봄 화폐로 환산해서 적립하고, 자신이 필요할 때 그 화폐를 이용해서 다른 사람의 돌봄을 받는 구조를 만들어야 한다. 이렇게 하면 공공양로원의 부족한 돌봄 인력(요양보호사) 문제를 어느 정도 해소할 수 있을 것이다. 또한 기후위기 대응, 환경 보호, 공동체 활동에 봉사한 시간은 기후 화폐로, 70세 이상 어르신이 자전거, 보행, 운동을 비롯해 자신의 건강을 돌본 시간은 건강 화폐로 적립해서, 모두 지역화폐와 교환할 수 있도록 하는 것이 필요하다.

이렇게 하면 지역화폐는 단순한 소비 수단이 아니라, 선한 행동과 사회적 기여를 보상하는 매개체가 되어 공동체를 살리는 데 도움이 된다. 이것은 과거 농촌 사회에 있었던 품앗이와 상부상조의 현대적 복원이기도 하다. A가 B의 머리를 손질해 주고, B가 C의 집 수리를 돕고, 그 과정에서 투입한 시간이 화폐로 기록되어 다시 지역 안에서 순환하는 구조를 만들면 공동체가 재생의 단계에 들어갈 것이다.

나는 지역화폐를 통해 다시 사람과 사람이 이어지고, 그 연결 속에서 지역경제가 숨을 쉬는 전남을 만들고 싶다.

학교 급식 시즌 2,
맞춤형 건강급식과 브레인푸드

○

2003년, 내가 시장으로 있던 나주시는 '학교급식 지원 조례'를 제정했다. 전국에서 처음으로 학교 무상급식을 시작한 곳이 나주다. 당시 신정훈의 선택은 단순한 복지 확대가 아니었다. "형편이 어떻든 아이의 밥은 차별받지 말아야 한다"는 분명한 사회적 선언이었다. 그 결정은 이후 전국 무상급식의 출발점이 되었고, 지금은 너무나 당연한 제도가 되었다.

이제 나는 그 출발점 위에서 한 걸음 더 나아가려고 한다. 전국 최초로 전남에서 '건강맞춤형 급식'을 시작할 계획이다. 급식의 기준을 행정의 편의나 평균값이 아니라, 아이 한 명 한 명의 몸과 건강 상태로 다시 세우는 급식이 '건강맞춤형 급식'이다.

부모라면 누구나 알고 있다. 같은 교실에 앉아 있어도 아이들의 몸은 다르다. 어떤 아이는 특정 음식에 알레르기가 있고, 어떤 아이는 체중 관리가 필요하며, 어떤 아이는 아토피로 밤잠을 설치고, 또 어떤 아이는 운동량이 많아 더 많은 단백질이 필요하다.

하지만 지금의 학교급식은 여전히 모든 아이에게 하나의 표준 식단을 제공한다. 이 획일적인 급식 체계가 아이들의 건강을 충분히 지켜주고 있는지, 이제는 솔직하게 되묻지 않을 수 없다. 우리가 국민소득도 어느 정도 높아졌는데 이제 개인 맞춤형으로 급식을 할 때도 되지 않았나, 한번 생각해 봐야 한다.

나는 전남에서 급식의 개념을 바꾸려고 한다. 급식은 단순한 식사가 아니라, 아이의 성장과 건강을 지키는 공공의 책임이라는 인식 위에서 정책을 다시 설계해야 한다. 알레르기형, 체중관리형, 비건·채식형, 스포츠·고단백형 등 다양한 건강 유형에 맞춘 맞춤형 급식을 시범적으로 도입하고, 장기적으로는 건강기록과 보호자 동의를 바탕으로 한 데이터 기반 식단 설계까지 단계적으로 추진하겠다. 아이가 학교에서 먹는 한 끼가, 아이의 몸에 맞는 돌봄이 되도록 하겠다는 것이다.

이러한 변화를 주려면 식재료도 바꿔야 한다. 전남의 친환경 농산물과 수산물을 중심으로 한 급식 체계를 강화하고, 불필요한 첨가물을 줄여야 한다. 학교급식은 아이의 건강을 지키는 동시에, 전남 농어민의 소득을 안정시키는 지역 순환 경제의 핵심축이다. 아이의 밥상이 전남의 들녘과 바다를 지키는 구조를 만들겠다.

또 하나, 결코 외면할 수 없는 문제가 있다. 바로 급식노동자의 삶이다. 아이들의 식사를 책임지는 분들이 방학마다 무급 상태로 내몰리는 구조에서, 좋은 급식은 지속될 수 없다. 나는 급식노동자의 방학 중 무급 문제를 반드시 개선할 생각이다. 아이의 밥은 급식노동자의 헌신에만 의존해서는 안 된다. 존중받는 노동 위에서만 건강한 급식이 가능하다는 생각이 확고하다.

이 정책은 학교 안에서 끝나지 않는다. 아이에게 맞춤형 급식이 필요하듯, 어르신에게도 건강에 맞는 식사가 필요하다. 전남은 이미 고령화 속도가 가장 빠른 지역이다. 당뇨, 고혈압, 근감소증 등 노인성 질환에 맞춘 식단을 개발하고, 이를 제공할 수 있는 지역 식당과 경로당을 연계한 건강식당 인증제를 도입하겠다.

어르신이 자신의 건강 상태에 맞는 음식을 제공하는 식당에서 밥을 먹으면, 행정이 자동으로 결제해 주는 시스템을 만들 생각이다. 어르신이 어디에 살든, 오늘 먹은 밥이 내 몸을 지켜주고 있다는 안도감을 느낄 수 있도록 하는 것이 필요하다.

맞벌이 가정과 돌봄이 필요한 아이들을 위한 저녁 급식도 단계적으로 확대해야 한다. 학교에서, 지역에서, 삶의 시간대 전체를 책임지는 급식 체계를 만들어 가겠다. 급식은 더 이상 학교 안의 행정이 아니라, 지역 전체의 건강 인프라가 되어야 한다.

대한민국은 이제 굶지 않는 나라를 넘어, 건강하게 키워주는 사회로 나아가야 한다. 부모가 아이의 급식을 걱정하지 않아도 되는 사회, 아이의 몸 상태를 국가와 지역이 함께 돌보는 사회, 어르신이 몸에 맞는 건강식으로 건강을 지키는 사회를 전남에서 시작하겠다.

　　2003년 무상급식이 그랬듯, 전남광주가 다시 한 번 대한민국의 기준을 바꿀 것이다. 아이의 밥상을 바꾸는 일은, 지역의 미래를 바꾸는 일이다.

나주시장 재임 시절, 친환경 농산물을 살피고 있다. 우리 땅, 우리 지역에서 나온 농산물은 우리 지역에서 먹어야 한다.

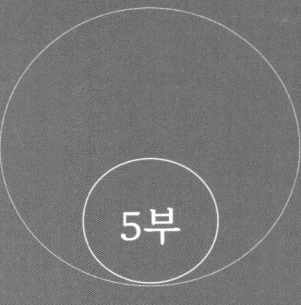

5부

신정훈의 승부수, 시민주권 정부 실현!

주민자치회는
'2세대 지방자치' 핵심

○

  2025년은 김대중 대통령께서 목숨 건 단식으로 지방자치를 부활시키고 첫 자치단체장 선거를 한 지 30년이 되는 뜻깊은 해였다. 김대중 대통령에 이어, 국가균형발전과 행정수도 이전을 실천한 노무현 대통령, 연방제 수준의 지방분권을 주창한 문재인 대통령까지 그들이 지방자치의 기틀을 굳건히 다졌다. 지난 30년 동안 민주당 소속 지방정부는 창의와 혁신으로 시민들의 삶을 변화시키는 혁신적인 정책을 도입해 국민의 복리와 지역의 발전을 이끌었다.

  무상급식, 무상교복, 생활임금, 비정규직의 정규직화, 100원 택시, 지역화폐, 재난지원금, 청년·농촌수당, 이 모두가 민주당 지방정부가 만든 혁신적인 정책이었다. 지방자치는 자랑스러운 우리 민주당의 역사가 된 것이다. 하지만 여기에 만족할 수는 없다. 민주주의의 중심, 우리 전남·광주가 지방자치 시즌 2를 앞장서서 준비해야 한다. 무엇 보다 지방자치의 중심추를 '지방 중심'에서 벗어나 '자치 중심'으로 옮겨가야 한다.

제일 중요한 것이 '주민자치회'다. 주민이 행정에 접근하는 통로인 주민자치위원회가 유명무실한 실정이다. '지방자치법'에 주민자치회를 실질화할 수 있는 내용을 구체적으로 담는 것이 중요하다. 법으로 주민자치회에 예산을 주고 자율적으로 사용할 수 있는 근거를 확보해야 한다. 이 정도 제도는 만들어야 주민도 자치회에 많은 참여를 할 것이다.

나는 주민자치회를 민선 2세대 지방자치의 핵심으로 육성해 진정한 '진짜 주민자치시대'를 열고 싶다. 자치단체의 분권만 있는 지방자치, 그래서 지역 기득권만 좋은 자치가 아니라, 자치의 주인인 주민이 주도하는 '완성된 지방자치'를 만들고 싶다.

그렇다면 지방자치 2세대의 주요 과제는 무엇인가? 그리고 지방자치는 앞으로 어떤 방향으로 나아가야 하는가? 우리나라를 포함해 대부분의 민주주의 국가가 채택한 헌법의 핵심 정신은 '주권재민'이다. 국가의 주권이 국민에게 있다는 뜻이다. 하지만 현실적 제약으로 민주주의 사회는 선거라는 제도를 통해 국민이 가진 권력을 특정한 대표자에게 위임한다. 대통령, 국회의원, 도지사, 시장·군수는 모두 국민으로부터 권한을 위임받은 존재다.

그러나 이러한 위임 중심의 민주주의만으로는 국민이 실질적인 주권자로 기능하기 어렵다. 선거 이후 정치와 행정은 다시 전문가와 권력자의 영역이 되고, 시민은 결과를 받아들이는 존재로 남기 쉽다. 바로 이 한계를 보완하는 장치가 지방자치다. 지방자치는 위임된 권력 속에서도 주민이 직접 결정권을 행사할 수 있는 가장 중요한 제도적 통로다.

2000년 김대중 대통령이 '주민자치위원회'를 도입한 결정은 이러한 문제의식에서 출발했다. 그 이전까지 행정은 서비스를 제공하고, 주민은 그 서비스를 수동적으로 소비하는 존재였다. 그런데 주민자치위원회의 도입으로 상황은 달라졌다. 주민들은 비로소 동네 단위에서 자신들이 가진 권한을 행사할 수 있는 기반을 갖게 되었고, 행정의 대상이 아니라 주체로 등장하기 시작했다. 이후 주민자치위원회는 주민자치회로 발전했고, 지난 25년 동안 시행착오와 함께 다양한 경험이 축적되었다.

진정한 지방자치는 '주권재민'을 삶의 차원에서 실현하는 것이다. 위임에만 의존하지 않고, 마을의 일에 직접 참여하는 사회. 우리가 흔히 말하는 선진국의 민주주의는 바로 이런 구조 위에서 작동하고 있다. 노무현 대통령이 정부의 이름을 '참여정부'라고 명명한 이유도 여기에 있다. 이재명 정부 역시 '주민자치 전면 시행'을 중요한 국정과제로 제시하고 있다. 그동안 수도권 중심으로 제한적으로 진행되던 주민자치가 앞으로는 전국 각 지역에서 더 활발히 펼쳐질 가능성이 커졌다. 전남·광주는 수도권에 비해 형식적인 주민자치회 운영에서는 상대적으로 뒤처져 보일 수 있다. 그러나 그것이 전남·광주의 자치 역량이 부족하다는 뜻은 아니다. 실질적인 자치는 이미 다양한 방식으로 살아 움직여 왔다.

오늘날 우리는 행정이 없으면 아무것도 할 수 없을 것처럼 말하지만, 역사는 그렇지 않다는 것을 보여준다. 자치공동체는 위기 속에서 오히려 더 강하게 드러난다. 시민의 연대를 바탕으로 한 자치공동체는 하루아침에 완성되지는 않더라도, 우리가 꾸준히 지향하고 키워가야 할 민주주의의 핵심 가치다.

주민이 직접
읍·면·동장을 뽑는다

◯

    이재명 정부의 국정과제 52번은 "주민 삶의 질 향상을 위한 자치분권 역량 제고"이다. 그 핵심에는 주민자치권 확대가 포함되어 있다. 세부적으로는 '주민자치회' 법적 근거 마련, 주민이 직접 읍·면·동장을 선택하는 임용제 시범실시, 주민소환제 개선, 주민자치 강화를 위한 종합계획 마련을 비롯해 풀뿌리 민주주의를 튼튼히 할 과제들이 담겨 있다.

    실행 전략을 보면, 주민자치회의 기능을 강화하고, 주민자치위원의 정치적 중립을 보장하며, 지자체가 행정적·재정적으로 지원할 수 있는 기반을 갖추는 것도 포함되어 있다. 또 지역 특성에 맞는 운영모델을 도입하고, 컨설팅, 마을기업, 주민참여예산제와 같은 다양한 사업과 연결해서 주민자치의 실질적 성과를 만들겠다는 계획도 포함돼 있다.

특히 '주민이 직접 읍·면·동장을 임용하는 제도'가 시범적으로 실시될 예정이다. 아울러 자치단체의 예산안·결산안을 주민에게 공개하고, 주요 재정 정보를 주민이 쉽게 이해할 수 있도록 정리해 제공하는 등 그동안 양적으로만 늘어났던 '주민참여예산제' 실질화 방안도 추진될 예정이다. 법률을 개정해 일정 기준을 충족하는 주민이라면 누구나 주민자치회를 구성할 수 있도록 해야 한다. 나아가 자치단체 예산의 일정 부분을 주민자치회에 의무적으로 배정해야 한다.

나는 여기에 더해 한 개 동(洞)에 복수 주민자치회를 허용하는 제도가 필요하다고 본다. 현재 법과 표준조례는 "읍·면·동에 주민자치회를 둔다"는 구조로 짜여 있어, 사실상 행정동마다 주민자치회를 하나만 둘 수 있다. 그러나 이것이 자치를 제약하는 틀로 작용한다. 만약 기존 주민자치회가 유명무실하다면, 주민들이 새로 주민자치회를 결성할 수 있어야 한다. 계층, 연령, 생활권에 따라 주민자치회를 하나 이상 둘 수 있어야 경쟁도 생기고 성과도 낼 수 있다. 획일적 구조는 자칫 특정 집단의 독점으로 흐를 수 있고, 주민 공동체의 성장을 가로막을 위험도 있다.

만약 이 방향으로 법률이 제정된다면, 지금처럼 '분권만 있고 자치는 없는', '동원만 있고 참여는 없는' 기형적 주민자치 구조가 획기적으로 달라질 것이다.

지방의원 역량 강화의 길?
"월급부터 올리자"

○

    나는 1995년 전남도의회에서 도의원으로 정치를 시작했다. 그래서 지방의회의 한계를 누구보다 잘 알고 있다. 동시에, 지방의회가 제대로 작동할 때 어떤 변화가 가능한지도 경험했다. 예산을 꼼꼼히 들여다보고, 행정의 사각지대를 집요하게 파고들고, 주민의 목소리를 제도 안으로 끌어올릴 때, 비록 권한은 작아도 행정은 분명히 달라진다.

전남도의회 도의원 시절
도정질문 모습

지방의회는 집행부의 감시자이면서 동시에 파트너다. 문제는 지금까지 지방의회가 이 두 역할 중 어느 쪽도 제대로 수행할 수 없도록 만들어졌다는 점이다.

우리나라 지방자치 구조를 보면 문제는 더 분명해진다. 예산 편성권과 인사권, 정책 결정권 대부분을 시·군 집행부가 갖고 있다. 지방의회는 심의와 의결이라는 형식적 권한만 있을 뿐, 실질적으로 정책을 바꾸거나 행정을 멈춰 세울 힘이 매우 제한적이다. 이처럼 권한은 주지 않으면서 책임만 묻고, 전문성을 키울 시간과 구조는 제공하지 않으면서 성과를 요구해 왔다. 이제는 방향을 바꿔야 한다. 지방의회를 없애자는 주장보다 지방의회를 제대로 쓰는 방법을 고민해야 할 때다.

우선 지방의회의 권한을 강화해야 한다. 예산 심의권은 형식이 아니라 실질이 되어야 하고, 주요 정책과 대형 사업에 대해서는 의회의 동의와 통제를 제도적으로 보장해야 한다. 집행부가 혼자 결정하고, 의회가 나중에 추인하는 구조에서는 책임 행정이 만들어지지 않는다.

두 번째, 지방의회의 전문성을 키워야 한다. 재정·산업·복지·환경을 두루 다 알아야 하는데, 1~2년마다 보직이 바뀌는 구조에서는 집행부에 대해 깊이 있는 감시망을 가동하기 힘들다. 정책 전문 인력과 의원 지원체계를 강화하고, 의원이 공부하고 토론할 수 있는 환경을 만들어야 한다. 무능한 의회는 결국 시민의 손해로 연결된다는 점을 알아야 한다.

　세 번째, 책임도 함께 강화해야 한다. 권한만 늘리고 책임을 묻지 않는다면, 그것은 또 다른 특권이 된다. 의정활동은 투명하게 공개되고, 성과는 시민 앞에 평가받아야 한다. 일하지 않는 의원은 다음 선거에서 반드시 심판받는 구조가 되어야 한다.

2025.01.23.
우원식 국회의장 초청으로 열린
대한민국시도의회의장단협의회 의장단 간담회

　의회 없는 민주주의는 없다. 견제 없는 지방자치도, 협치 없는 지방행정도 없다. 강한 행정은 반드시 강한 의회와 함께 갈 때만 제대로 작동한다. 지방의회를 강화하는 정치는 어렵고 시간이 걸린다. 민주주의는 늘 어렵고 시간이 걸리는 길로 걸어 왔다.

우리 지방의원들은 어떤 대우를 받고 있을까? 의원들에게는 의정활동비를 지급한다. 그런데 이 활동비를 의회마다 심의해서 다르게 준다. 수당을 심의해서 주는 유일한 공무원이 지방의원이다. 그래서 구례군청과 강남구청 직원 월급은 같은데 의원 월급은 차이가 나는 것이다.

같은 의원인데 월급이 차이가 나는 이 불공정부터 바로잡아야 할 것이다. 구례군청 7급 공무원과 강남구청 7급 공무원의 월급은 같다. 호봉과 직급이 같다면 근무지가 어디든 급여는 같다. 월급은 약 300만 원 내외, 연봉으로 치면 4천만 원대 중·후반이다. 그런데 이상한 일이 벌어진다. 구례군의회 의원과 강남구의회 의원의 월급은 다르다.

기초의원의 보수는 공무원처럼 국가 기준이 아니라 각 의회가 의정활동비, 월정수당, 여비 등을 심의해서 정한다. 그래서 결과가 이렇게 갈리는 것이다. 강남구의회 의원의 연봉은 각종 수당을 합치면 6천만 원 안팎이지만, 구례·고흥·장성 같은 군 단위 기초의원은 연봉이 3천만 원 안팎, 어떤 곳은 2천만 원대 후반에 머물고 있다. 이게 무엇을 의미하는지 아는가. 주민이 선출한 지방의회 의원의 월급이 7급 공무원보다 적다는 뜻이다.

지방의원은 명예직이 아니다. 조례를 만들고 예산을 심사하고 집행부를 감시하고, 주민 민원을 가장 앞에서 받는 전업 정치인이다. 특히 농촌의 군 지역 의원들은 민원 범위가 넓고 이동 거리도 길다. 이런 상황에서는 그 월급 가지고도 생활이 가능한 여유 있는 사람만 의원 선거에 도전할 수 있다. 청년, 여성, 노동자, 농민 출신 정치인은 지방의회에 들어오기조차 어렵다. 이것이 건강한 지방자치를 가로막는 한 가지 요인이다.

2024.09.11.
지방의회법 제정과 지방의회 강화 토론회에 참석하여 퍼포먼스를 가졌다.

　강남구가 잘못됐다는 이야기가 아니다. 문제는 기준이 없다는 것이다. 재정 여력이 있다고 의원의 노동이 더 가치 있고, 재정이 열악하다고 의원의 노동이 덜 가치 있는가? 이런 불공정부터 바로 잡아야 한다. 기초의원 보수의 국가 기준선을 도입하고 전남에서부터 실천하도록 하겠다. 최소한 집행부 국장급 이하로는 보수가 떨어지지 않도록 최저 기준선을 명확히 하고 시군에서 조례 정하도록 하는 것이 중요하다. 이런 노력이 있어야 지방의원이 생활이 가능한 직업이 될 수 있을 것이고, 그래야 청년들이 여성들이 과감하게 지방정치에 도전장을 던질 수 있을 것이다.

2026.01.17.
제9회 지방선거 나주화순 출마예정자들과
지방자치아카데미를 통해 역량교육을 실시하였다.

나는 지방의원 출신이다. 의회의 무게를 잘 안다. 지방의원을 열정만으로 버티게 해서는 안 된다. 제대로 일하길 기대한다면 대우도 제대로 해주어야 한다. 지방의회가 강해져야 전남이 강해진다고 나는 확신한다.

지역이 키운 인재를
지역에서 채용하는 '인재 주권'

○

전남·광주의 인재들이 지역에서 일자리를 찾지 못해 떠나고, 다른 지역 사람들이 들어와 이 일자리를 메꾸는 악순환이 계속되고 있다. 나무를 심을 때도 적당한 이식(移植)은 도움이 되지만, 잦은 이식은 결국 나무를 죽이는 결과를 낳는다. 전라도는 1970년부터 시작된 이촌향도(離村向都)의 시기에 많은 인재를 서울로 떠나보냈다. 서울만이 아니다. 부산이나 마산 등 공업지역에는 어김없이 전라도 사람들이 이주했고, 실질적으로 이분들이 민주당 지지자로 살아간다. 지금도 청년들이 서울과 인천, 경기도로 떠나고 있다.

전남 도의원, 나주시장을 지내면서 나에게도 이 문제가 가장 큰 고민이었다. 어려운 상황이었지만 나주시장으로 일할 때, 호남원예고나 나주공고의 학생들을 특채로 뽑았다. 동신대 도시계획 전공자들도 이렇게 뽑았다. 이렇게 채용한 인재들이 누구보다 잘 적응하고, 잘 성장하는 걸 보고 난 자신감을 얻었다. 지역에 대한 애정이 있는 사람들이 지역 일을 누구보다 열정적으로 할 수 있다는 것을 눈으로 확인했다.

2024.02.03.
22대 총선을 앞두고 나주 지역 청년들과 간담회를 가졌다. 지방에 살아도 안정적인 삶과 행복한 가정을 꾸릴 수 있는 조건은 무엇인지 허심탄회하게 의견을 나눴다. 특히 지역인재 육성과 정착 지원 방안에 관심과 문제의식이 높았다.

전남은 65세 이상 비중이 28.3%에 달하는 초고령 지역으로 청년 유출이 심각하여 지방소멸 위험지수가 '0.32'라는 위험 단계에 처해 있다. 이러한 위기를 극복하기 위해 도입된 노무현 정부의 혁신도시와 공공기관 이전 정책은 지역 경제의 숨통을 틔우는 역할을 했다.

특히 신규 채용 인원의 일정 비율을 지역 출신으로 선발하는 지역인재 의무채용 제도는 우수한 인재의 수도권 유출을 막는 보루역할을 했다. 당시 혁신도시조성 및 발전에 관한 특별법에 따라 이전 공공기관은 매년 지역인재 채용 비율을 2019년 21%, 2020년 24%, 2021년 27%, 2022년 30%로 의무화했다. 초기에는 혁신도시 공공기관들이 경력직만 뽑거나 합격 하한선 미달 등 몇 가지 예외규정을 확대 적용해 지역인재 채용을 회피하는 현상이 발생하기도 했지만 지역인재 유출을 막았던 것은 분명하다. 그런 성과들이 지역민들의 삶에 완전히 안착하기 위해서는 채용 제도의 근본적인 혁신이 뒷받침되어야 한다.

이를 위해 가장 중요한 것이 '지역인재 채용 선순환 구조'의 정착이다. 현재 시행되고 있는 공기업의 '30% 지역인재 할당제'는 취지는 좋으나 설계상의 심각한 허점을 안고 있다. 현행 제도는 '지역 내 대학교 졸업자'만을 대상으로 하고 있다. 이로 인해 초·중·고교 12년을 지역에서 보낸 우수한 인재가 타 지역 대학에 다녔다는 이유만으로 고향의 공공기관 채용에서 제외되는 불이익을 당하고 있다. 이는 지역에서 나고 자란 인재들을 오히려 역차별하는 결과를 낳았다.

또 시험 직전에만 주소를 옮기는 소위 '주소지 세탁'과 같은 편법

사례가 속출하면서, 지역에 정주할 인구를 확보한다는 본래의 정책 취지가 크게 훼손되고 있다. 지역 내 일자리임에도 불구하고 실질적인 혜택은 대학 진학을 위해 잠시 지역을 찾은 외지인들에게 돌아가는 구조적 모순이 발생하고 있는 것이다.

실제로 지역에서 성장하고 거주해 온 인재들에게 실질적인 혜택이 돌아가도록 현행 인센티브제를 재설계해야 한다. 대안은 '거주 연수 기반 가점제' 도입이다. 우선 초등학교부터 고등학교까지 12년의 거주 연수를 점수화하여 채용 시 가점을 주는 '거주 연수 기반 가점제'다. 대학 4년을 포함해 16년으로 해도 된다. '지역 재학 기간/16'으로 해서 가점을 주는 것이다. 5점 만점으로 했을 때 초중학교만 다녔다면, 5×9/12=3.75점을, 대학까지 모두 다녔다면 만점인 5점을 주는 방식이다. 여기에 면(面) 지역 등 인구가 크게 감소하여 폐교 위기에 있거나 인구소멸 위기가 심각한 낙후 지역 재학생에게는 추가적인 인센티브를 제공해 인재들이 어린 시절부터 자연스럽게 지역에 정착하도록 유도해야 한다.

이 모델은 단순히 공기업과 전문직 채용 시에만 그치지 않고 사회 전반의 시스템으로 확장되어야 한다. 우선 지역의 필수 의료 붕괴를 막기 위해 추진되는 '지역의사(地域醫師)' 제도에 이 거주 연수 가점제를 도입한다면, 지역에 애착을 가진 의료진을 확보하는 데 큰 도움이 될 것이다.

지방자치단체와 협력하는 민간 기업들에도 이러한 채용 구조를 권장해 지역 경제 전반의 고용 생태계를 변화시켜야 한다. 지역에서 공부하면 지역의 좋은 일자리를 얻을 수 있다는 확신이 생길 때 지역 교육이 활성화되고 인구 유출을 근본적으로 막을 수 있다.

지역인재 할당제의 개혁은 '지역에서 키운 인재를 지역에서 채용하는 인재 주권'의 확립이다. 이는 단순한 취업 지원을 넘어 '지역 교육 발전→안정적 일자리 창출→지속적인 인구 유지'로 이어지는 강력한 선순환 구조를 만드는 일이자 지방소멸 위기를 극복하고 국가의 균형 잡힌 발전을 이루는 실질적인 열쇠가 될 것이다.

신정훈은 혁신도시 유치, 한국전력 등 관련 공기업 유치, 한전공대 설립, 인공태양 연구단지 유치 등 '성공 DNA'를 가지고 있다. 남들이 안 된다고 할 때 길을 찾아냈던 그 뚝심으로, 이제는 우리 아이들의 미래가 걸린 채용 제도를 바꿀 것이다.

민주주의를 훈련하는
'전남·광주 민주학교'

○

　최근 한국 사회에서 가장 우려스러운 변화는 청소년과 일부 청년 남성 집단에서 극우적 세계관이 빠르게 확산하고 있다는 점이다. 민주주의의 기본 규범과 헌법 질서 자체를 부정하거나 왜곡하는 방향으로 이동하고 있다는 점에서, 사회 전체에 경고음을 울리지 않을 수 없다.

　이는 학교 현장에서 현실의 정치·사회 문제를 해석할 수 있는 시민적 언어와 사고력을 충분히 길러주지 못하고 있기 때문이다. 그 공백을 강한 언어, 단순한 적대 구도, '우리 대 그들'이라는 이분법 등 극단적 콘텐츠가 채우고 있다. 그 결과 타인에 대한 공감 능력은 떨어지고, 폭력적 언사와 반민주적 표현에 대한 심리적 저항선이 급격히 낮아지고, 민주주의가 원래 요구하는 '느린 숙의'는 사라진

채, 즉각적 분노와 단정이 합리적 판단의 자리에 들어서고 있다. 극단화된 소수의 목소리가 커질수록 침묵하는 다수는 위축되고, 사회 전체는 점점 더 불안정해질 수밖에 없다.

민주주의는 저절로 유지되지 않는다. 가르치고, 토론하고, 체험하게 하지 않으면 언제든 무너질 수 있다. 권위주의적 충동이 되살아나는 순간, 그것을 막는 최후의 방파제는 공동체의 집단지성밖에는 없다.

나는 이런 문제의식으로 22대 국회에서 '민주시민교육활성화법'을 대표 발의했다. 아직 본회의 문턱을 넘지는 못했지만, 이 법안은 한국 민주주의의 가장 취약한 고리를 보완하기 위한 시도이다. 민주시민교육의 목적은 단순한 지식 전달이 아니다. 민주주의를 시험문제 속 개념이 아니라 생활 속 기술로 만드는 교육이다. 헌법의 가치를 이해하고, 공동체의 문제를 스스로 인식하며, 참여와 책임의 주체로 성장하도록 돕는 과정이다.

내가 발의한 법안의 출발점은 분명하다. 민주시민교육을 국가와 지방자치단체의 책무로 명확히 했다. 또한 교육의 범위를 학교를 넘어 사회 전체로 확장했다. 민주시민교육은 학생만 받는 것이 아니다. 청년과 노동자, 농민과 공무원, 노인까지 전 생애에 걸쳐 필요한 교육이다. 그리고 선언이 아니라 실행이 가능한 구조를 만들도록 했다. 법안에는 국가 차원의 민주시민교육 기본계획 수립, 이를 심의·조정하는 민주시민교육위원회 설치, 교재 개발과 연구·연수를 담당하는 민주시민교육원과 지역 단위 실행을 맡는 지역 민주시민 교육센터 설치가 담겨 있다. 교육은 구조가 없으면 지속되지 않는다. 나는 이 법을 통해 민주시민교육의 구조를 구축하려고 하는 것이다.

민주주의는 근육과 같다. 쓰지 않으면 퇴화하고, 훈련하지 않으면 위기에 무너진다. 민주시민교육은 헌법의 가치와 민주적 절차, 토론과 합의의 원리를 스스로 판단할 힘을 기르는 교육이다. 민주주의를 믿으라고 강요하는 것이 아니라, 민주주의를 이해하게 만드는 교육이다.

나는 법안이 통과되기 전이라도 이런 교육을 전남·광주에서 먼저 시작할 것을 제안한다. 이 실천 구조로 나는 '전남·광주민주학교'를 생각하고 있다. 이것은 전남·광주 전역을 민주주의의 학습 공간으로 바꾸는 프로젝트이자, 민주주의를 제도로만 남겨두지 않고 삶 속으로 끌어들이는 작업이다.

학교의 목표는 헌법을 삶의 언어로 가르치는 것이다. 헌법 조문을 외우는 교육이 아니라, 계엄은 왜 위험한가, 선거는 왜 신뢰받아야 하는가, 혐오와 배제는 민주주의를 어떻게 무너뜨리는가와 같은 질문을 중심에 두어야 한다. 초·중·고 학생을 대상으로 맞춤형 헌법과 민주시민 교육과정을 운영하고, 전라남도 차원의 표준 교육 콘텐츠를 개발해야 한다.

또한 청년과 시민을 위한 평생교육 기능을 맡아야 한다. 이를 위해 청년센터, 평생학습관, 도민대학을 활용해 '찾아가는 민주학교'를 운영하는 것도 필요하다. 청년·노동자·농민·어르신 누구나 참여할 수 있도록 문턱을 낮추고, 민주주의를 특정 세대의 전유물이 아니라 공동의 언어로 만드는 것이 중요하다.

계엄과 내란의 경험도 교육 자산으로 전환해야 한다. 우리는 이미 민주주의가 무너질 뻔한 현실을 경험했다. 이 기억을 덮어두는 순간 같은 비극은 반복된다. 민주학교 안에 '헌정 위기 기록·교육 프로그램'을 운영해, 민주주의 위기의 순간을 역사책 속 과거가 아니라 현재형 교훈으로 남겨야 한다. 민주주의가 어떻게 흔들렸고 시민이 어떻게 지켜냈는지를 기록하고 토론하는 교육으로 승화해야 한다. 상처는 숨기면 곪고, 배움으로 만들면 공동체를 지키는 백신이 되는 법이다.

민주시민교육 거버넌스도 구축해야 한다. 교육청, 대학, 시민사회, 법조계, 청년단체가 함께 참여하는 '전남·광주 민주시민교육협의체'를 구성해 정책을 함께 설계하고 운영하는 것이 필요하다. 사회 전체가 민주주의 교육의 주체가 되는 구조를 만들어야 한다.

전남·광주민주학교는 단기 사업이 아니다. 전남·광주를 민주주의 교육의 선도 지역으로 만들고, 대한민국 민주주의의 저변을 넓히는 장기 전략이다. 민주주의는 배우지 않으면 흐려지고, 훈련하지 않으면 무너진다.

나는 전남·광주에서부터 민주주의를 다시 세우고 싶다. 이것이 내가 말하는 시민주권주의의 출발점이며, 전남·광주가 대한민국 민주주의의 가장 단단한 기초가 되는 길이라고 믿는다.

'시민주권주의' 꽃피울
전남·광주 정치축제

○

　나는 대립과 갈등이 정치가 되어버린 시대를 정리하고, 대화와 타협으로 민주주의와 지방자치를 활짝 꽃피우는 것이 내란 종식 이후 대한민국 정치의 최대과제라고 생각한다. 언제까지 내란 청산에만 에너지를 쓸 수 없다. 이제 인구소멸, 기후변화, 불평등을 비롯해 우리 사회에 산적한 난제를 해결하는 '해결의 시대'로 가야 한다.

　시민이 주인이 되는 '시민주권주의'의 핵심은 공보를 공개하고 시민의 입을 여는 것이다. 전남·광주의 예산을 모두 공개하고 도민이 물으면 공무원이 답변하는 예산공개 행사, 도민 누구나 질문하고 도지사, 국회의원, 도의원, 시장·군수가 답변하는 토론회, 날카롭게 대립하는 주장을 하는 단체들이 평화적으로 토론하는 축제…. 전남·광주의 정치의식은 이제 이런 행사를 개최하고도 남을 정도로 성숙했다고 나는 확신한다. 시민이 묻고 정치인이 답하는 것이 일상이 되는 '전남·광주 정치축제'를 만들고 싶다. 이는 나의 신념인 '시민주권주의' 실천의 플랫폼이 될 것이다.

정치는 놀이터가 되어야 한다. 잔칫집처럼 아무나 오다가다 참여할 수 있어야 한다. '여기는 내 구역, 너희들은 들어오지 마! 이거는 우리끼리 알아서 할 거야? 너희들은 알려고 하지 마!' 여기에서부터 문제가 생긴다. 기득권이 생기고 권력과 정보 독점이 생기고 시민은 소외된다. 소외와 차별이 없이 동등한 자격으로 정보에 접근하고 참여할 수 있어야 시민주권은 온전히 구현될 수 있을 것이다.

이재명 대통령이 국민이 주인이 되는 나라를 만들고 있다. 예산도 공개하고 있고, 정부 업무보고도 생중계하고 있다. 2025년 8월 13일 이재명 대통령은 TV로 중계한 재정 절약 간담회에서 정부 예산안을 모두 공개해서 국민이 보게 하라고 지시했다. 현재 '재정주권 시민행동'이라는 시민단체는 '재정주권.kr'이라는 사이트를 만들어 정부 예산서와 관련된 모든 문서를 공개하고 있다. 여기에 들어가면 모두 13만 쪽이나 되는 예산서를 모두 볼 수 있다. 국민이 주인이 되는 나라로 한 걸음 한 걸음 다가가고 있음을 보여주는 일이다.

전남광주특별시도 이런 흐름에 동참해야 한다. 시민이 권력을 갖는 지방정부를 만들어야 한다. 하지만 과정이 가볍고 즐거워야지, 무겁고 너무 부담스럽다면 안 된다. 우리는 응원봉을 들고 소녀시대의 '다시 만난 세계'를 따라 부르며, 내란수괴 윤석열을 축출한 국민이다.

국회 의원회관에서 열린 시민참여와 사회통합을 위한 민주시민교육.

　이제부터 전남·광주가 할 일은 대통령의 국민주권주의를 전남·광주에서 실천하는 것이다. 우리의 할 일은, 정치를 놀이로, 자치를 잔치로 만드는 것이다. 정치를 잔치로 만들려면 하나의 큰 전제조건이 있다. 바로 정보공개다. 정보를 공개하면 알게 되고 알면 훈수를 두게 된다.

　전남·광주 정치축제는 정보를 숨기지 않고 도민 앞에 낱낱이 공개하는 것으로 시작한다. 도민에게 전남·광주의 예산서와 정책 자료를 모두 공개해야 한다. 전남·광주 본예산과 결산, 중기재정계획을 도민 눈높이로 풀어서 공개하는 것이다. 어디에 돈이 쓰였는지, 왜 이 사업이 선택됐는지를 도민이 묻고 도지사와 실장과 국장이 직접 설명하고 질문을 받는 시간을 충분히 주어야 한다.

광장에 텐트를 치고 예산서를 복사해 놓고 컴퓨터로 검색해서 확인할 수 있도록 해야 한다. 잔칫집에 와서 온갖 이야기를 나누듯 누구나 쉽게 전남·광주 살림살이에 대해 의견을 내고 참여할 수 있도록 하는 것이다.

그 전에 꼭 준비할 일이 있다. 전남·광주도 예산을 '행정 문서'가 아니라 '도민의 이야기'로 바꾸는 작업이다. 지금도 전남도 예산은 사업명과 예산액은 공개되어 있지만, 사업별 설명서에 대한 접근은 매우 어렵다. 예산서에 적힌 용어 또한 일반 도민들이 이해하기 어려운 전문용어로 되어 있다. 수천 쪽의 예산서, 알 수 없는 용어, 전문가와 공무원만 이해하는 구조로 되어 있는 것이다. 공개는 하지만 관심을 가지지 못하도록 해 놓은 셈이다.

나는 전남·광주도 예산을 시각적으로 쉽게 확인할 수 있는 전남·광주 예산 지도를 만들고 분야별·지역별·세대별로 생활 언어로 예산 용어를 번역해서 설명해 줄 계획이다. 예산은 숫자가 아니라 삶의 우선순위에 대한 기록이다. 어디에 복지관을 짓고, 어느 마을에 길을 내고, 무엇을 먼저하고 무엇을 나중에 할지를 말해주는 것이 예산이다. 지도 위에 예산이 투입되는 상황을 일목요연하게 보여주는 예산 지도책을 만들어 인터넷으로 공개하면 도민들이 예산을 쉽게 이해하고 참여도 더 많이 할 수 있을 것이다.

도민이 묻고 정치인이 답하는 정책 토론회는 수시로 개최할 것이다. 도민들이 정책 개선이나 새로운 정책을 제안하고 질문하며 도지사, 국회의원, 도의원, 시장·군수가 같은 무대에 올라 답변하도록 할 것이다. 정치는 피하는 기술이 아니라 '답하는 책임'이라는 것을 분명히 할 것이다.

이런 과정을 거쳐 행사가 끝날 때쯤에는 도정의 방향을 함께 정하는 타운홀 미팅 시간을 가질 계획이다. 전남·광주 정치축제 주간에 나온 토론 결과와 도민 제안은 차기 연도 예산과 정책에 반영하는 절차를 밟을 생각이다. 이처럼 전남·광주도정을 '행정이 설명하는 정치'가 아니라 '도민이 결정하는 정치'로 바꾸는 것이 나의 꿈이다.

일 잘하는 '지방전문가' 신정훈을 크게 써야할 때

40년 만에 전남과 광주가 다시 만난다. 그 설렘만큼이나 무거운 책임감도 함께 밀려온다. 이 통합은 누군가의 치적이나 정치 일정의 결과가 되어서는 안 된다. 형식과 내용 모두에서 완성도 높은 통합이 되어야 한다. 나는 그 책임을 회피하지 않겠다.

전남과 광주의 통합은 단순한 행정구역 개편이 아니다. 국가 운영 방식 자체를 바꾸는 실험이며, 수도권 중심 국가에서 초광역 분권 국가로 나아가는 첫걸음이다. 통합 이후의 지방정부는 크기만 커진 조직이어서는 안 된다. 전략은 초광역으로 모으되, 생활은 현장으로 내려보내는 서비스형 통합정부가 되어야 한다. 빠른 결정, 분명한 책임, 데이터 기반 행정이 핵심이다. 통합은 목적이 아니라, 혁신을 가속하는 도구다.

무엇보다 전남과 광주 두 지자체가 가진 자원을 씨줄과 날줄로 엮어 산업 대전환을 추진하는 전초기지가 되어야 한다. 광주의 제조와 기술, 전남의 에너지와 현장은 이미 강력한 자산이다. 여기에 AI·데이터·디지털 기술을 결합한다면, 전통산업도 고부가가치 미래산업으로 재탄생할 수 있다. 공장을 없애는 혁신이 아니라, 공장을 지능화하는 혁신이 필요하다. 농업과 수산업, 해양산업 역시 데이터와 플랫폼을 입을 때 청년이 돌아오는 산업이 된다.

대전환은 산업에만 머물러서는 안 된다. 도시의 모습 또한 달라져야 한다. 높은 빌딩들만 들어서는 도시가 아니라 사람이 머무르고 걷고 사유할 수 있는 도시로 재편되어야 한다. 생태와 정원, 문화와 인문이 일상에 녹아든 도시야말로 지속 가능한 경쟁력을 갖는다. 그것은 삶의 질(質)이자 미래도시의 브랜드다. 난개발을 멈추고 질서와 품격을 회복하는 일은 곧 미래 세대에 대한 책임이다.

또 하나의 중요한 축은 인문과학과 교육·연구·창업의 결합이다. 기술이 인간을 대체하는 시대일수록 인간의 가치와 판단을 다루는 인문과학은 더욱 중요해진다. 전남과 광주는 민주·인권·평화의 정신 위에서 AI 윤리, 기술 철학, 사회혁신 연구를 선도하는 세계적 인문도시로 도약할 수 있다. 대학과 연구소, 기업과 도시가 하나의 캠퍼스처럼 연결될 때, 인재는 떠나지 않고 세계의 인재들이 모여든다.

이 모든 전환을 관통하는 키워드는 '정교하고 치밀한 설계'다. 약속은 누구나 할 수 있다. 그러나 구조를 설계하고, 기능을 배치하며, 실행의 순서를 짜는 일은 경험과 철학 없이는 불가능하다. 성과를 낸 적이 없는 사람에게 통합정부의 행정책임자를 맡길 수 없다. 전남과 광주의 대전환은 구호가 아니라 정교한 설계가 필요하다. 통합 지방정부의 운영 방식, 전남과 광주의 기능 분담, 도시공간 전략, 산업구조 고도화까지 하나의 그림으로 엮어야 한다. 이 일에 적합한 사람이 필요하다. 바로 '일잘러' 신정훈이다.

전남·광주에 필요한 리더는 지시하고 고함치는 사람이 아니라 설계하고 현실로 만들어내는 '일 잘하는 사람'이다. 신정훈이 말하는 대전환은 추상이 아니다. 통합을 통해 속도를 만들고, 산업을 통해 먹거리를 만들며, 도시를 통해 삶의 질을 바꾸는 구체적인 전환이다. 대전환의 전남·광주. 이제는 약속의 시대를 넘어, 정교한 설계의 시대로 가야 한다. 그리고 그 설계를 통해 전남·광주는 대한민국의 미래 표준이 될 수 있다.

광주는 전남의 자식이고, 전남은 광주의 어머니다. 생활권은 이미 하나인데 행정만 둘로 쪼개져, 시민에게 매일 같이 비용을 청구해 왔다. 이제 통합이 진짜라면, 그 비용을 줄이고 삶을 편하게 만들고, 호남이 함께 세계와 경쟁하는 길을 열어야 한다. 그 준비를 오래전부터 해 온 사람, 분리를 반대하고 통합을 외쳤으며, 공동혁신도시를 만들어 통합의 모델을 직접 구현해 온 사람, 바로 신정훈이다. 이 사실만큼은 통합의 역사에 반드시 기록되기를 바란다.

이제 전남과 광주는 이재명 대통령의 지방주도 성장전략의 최전

돌아온 광주 하나 된 전남

선에 서 있다. 신정훈의 지방 살리기 30년 역정(歷程)도 정점을 달리고 있다. 5극 3특 지방 주도 생존 전략의 최전선에서 시도민의 성장과 산업의 성장을 동시에 일궈내는 통합시장. 그것이 내가 선택한 길이고, 그 길에 끝까지 시민과 함께하고 싶다. 전남광주특별시민들이 일 잘하는 '지방전문가' 신정훈을 크게 써먹을 때가 바로 지금이라고 감히 말하고 싶다.

돌아온 광주 하나 된 전남

신정훈의 지방 살리기 30년 분투기

펴낸날 2026년 2월 27일
2쇄 펴낸날 2026년 3월 20일

지은이 신정훈
펴낸이 주계수 | **편집책임** 이슬기 | **꾸민이** 이슬기

펴낸곳 밥북 | **출판등록** 제 2014-000085 호
주소 서울시 마포구 양화로 156 LG팰리스빌딩 917호
전화 02-6925-0370 | **팩스** 02-6925-0380
홈페이지 www.bobbook.co.kr | **이메일** bobbook@hanmail.net